Kreativ mit Usborne

Alles aus Papier

Fiona Watt

Gestaltung und Illustrationen:
Antonia Miller, Non Figg und Katrina Fearn

unter Mitarbeit von:
Natacha Goransky, Amanda Gulliver,
Jan McCafferty und Rachel Wells

Fotografien: Howard Allman

Inhalt

Materialien

Auf diesen zwei Seiten findest du die verschiedenen Materialien, die du für die Papierbastelarbeiten in diesem Buch brauchst.

Papierideen

Unten siehst du eine Auswahl der benötigten Papiersorten. Unter den meisten Projekt-Überschriften auf den folgenden Seiten findest du jeweils einen Vorschlag, welches Papier du benutzen könntest.

Umgang mit dem Hobbymesser

Für einige der Projekte wird empfohlen, ein Hobbymesser zum Papierschneiden zu verwenden. Denke daran, immer einen Stapel alte Zeitschriften oder zwei dicke Pappen unter das zu schneidende Papier zu legen.

Sei ganz vorsichtig, wenn du mit dem Hobbymesser arbeitest. Halte die Finger weit von der Klinge entfernt.

Dieses pinke Papier wurde mit Farbe strukturiert (siehe Seiten 6-10).

Krimskrams

Für manche Projekte kannst du den Krimskrams verwenden, den du zu Hause herumliegen hast. Dieses Buch enthält Anregungen zum Drucken mit Radiergummis und zum Gestalten von Collagen aus Fundstücken.

Radiergummi

Fundstücke wie Unterlegscheiben, Druckknöpfe und Heftklammern

Pastellkreiden und Wachsmalstifte

Für manche Projekte brauchst du Pastellkreiden und Wachsmalstifte. Es gibt sie oft in Sets zu kaufen.

Wachsmalstifte

Farben, Tinte und Stifte

In den Projekten werden unterschiedliche Farbensorten verwendet. In den Schritt-für-Schritt-Anleitungen erfährst du, welche du verwenden solltest.

Für manche Projekte brauchst du eine Schreibfeder. Wenn du keine hast, nimm einen Füllfederhalter.

Filzstifte

Papier strukturieren

Für einige Projekte in diesem Buch, wie das Papierweben auf Seite 28-29 und die 3-D-Insekten auf Seite 60-61, brauchst du Strukturpapier, das du mit verschiedenen Techniken herstellen kannst.

Experimentiere mit den Beispielen auf den folgenden vier Seiten, um dein eigenes Papier zu gestalten.

Wachsmalkreiden

1. Reibe mit der Seite einer Wachsmal- oder Ölpastellkreide über raues Papier. Drücke dabei mit der Kreide fest auf.

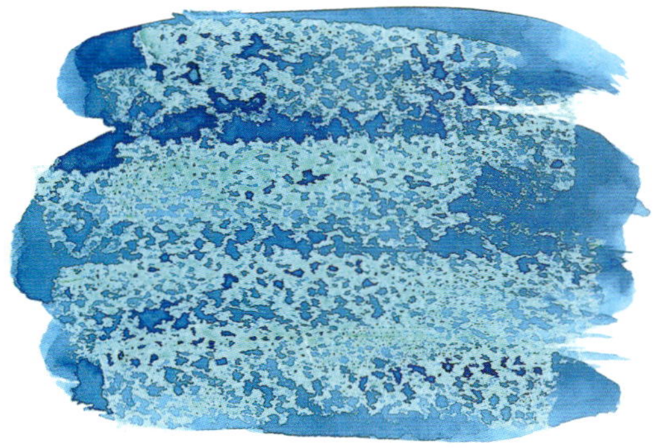

2. Mische etwas Farbe mit Wasser und pinsle sie über das Papier. Das Wachs verläuft nicht, so dass die Struktur durchschimmert.

Pinselstriche

1. Tauche einen dicken Pinsel in gelbe Farbe und male Streifen auf einen weißen Bogen Papier oder Zeichenkarton.

2. Mische etwas Rot in die gelbe Farbe, um Orange zu erhalten. Pinsle mit wenig Farbe über das Gelb, so dass man die Pinselstriche sieht.

3. Während die Farbe noch feucht ist, pinsle rote Farbe über das Gelb und Orange. Nimm dabei wieder nur wenig Farbe.

Diese Papierbögen wurden mit den oben erklärten Techniken strukturiert.

Wirbelkreise

1. Tauche einen trockenen, breiten Pinsel leicht in unverdünnte Acrylfarbe, so dass die Farbe nur die Enden der Borsten bedeckt.

2. Pinsle die Farbe kreisförmig auf ein Blatt Papier und drücke dabei fest auf. So bekommst du viele individuelle Pinselstriche.

3. Tauche das Pinselende wieder in die Farbe und zeichne neben dem ersten einen weiteren Kreis. Wiederhole dies mehrmals.

Schwammdruck

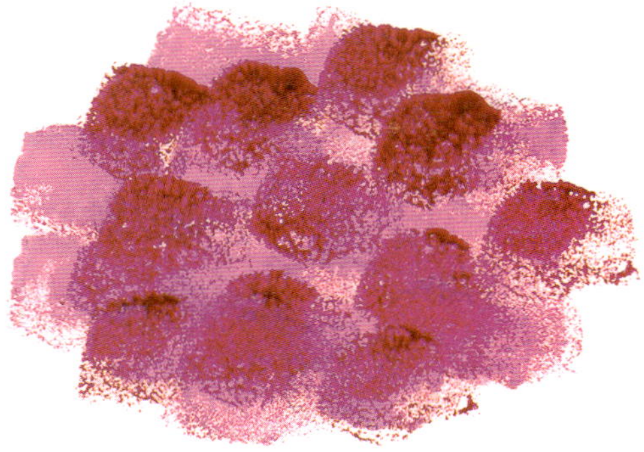

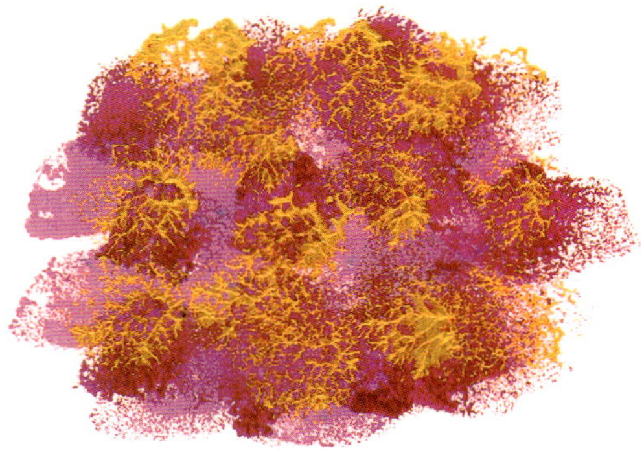

1. Tauche einen kleinen Schwamm in Farbe und betupfe damit ein Blatt Papier. Tauche den Schwamm dabei oft ein.

2. Tupfe dunklere Farbe darüber, wenn die erste Schicht trocken ist. Lass die hellere Farbe noch durchschimmern.

3. Du kannst sogar noch eine dritte Farbe darübertupfen. Mit goldener oder silberner Acrylfarbe kannst du das Papier veredeln.

Dieser Bogen wurde durch das Auftupfen von blauer Farbe auf weißem Papier strukturiert.

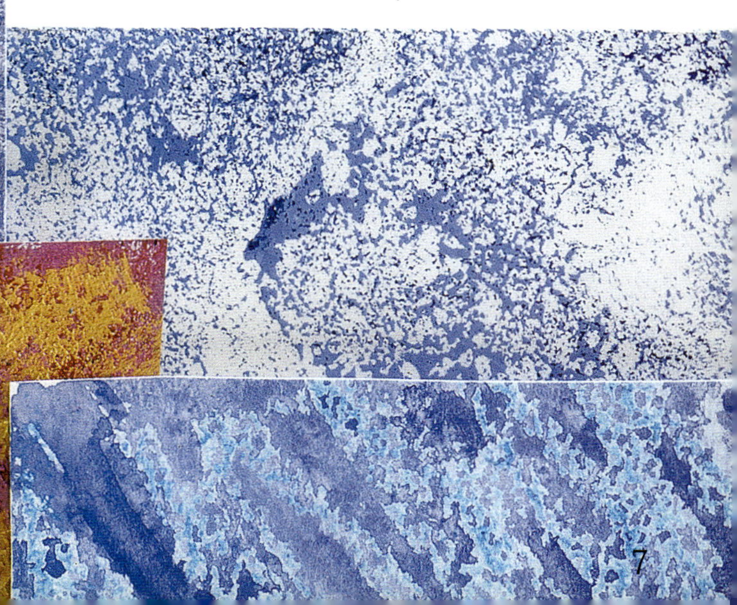

Weitere Strukturideen

Auf diesen Seiten findest du weitere Anregungen für die Herstellung von strukturiertem Papier für deine Projekte.

Dieses Blatt Papier wurde durch Klecksen von Tinte auf feuchtes Papier gestaltet.

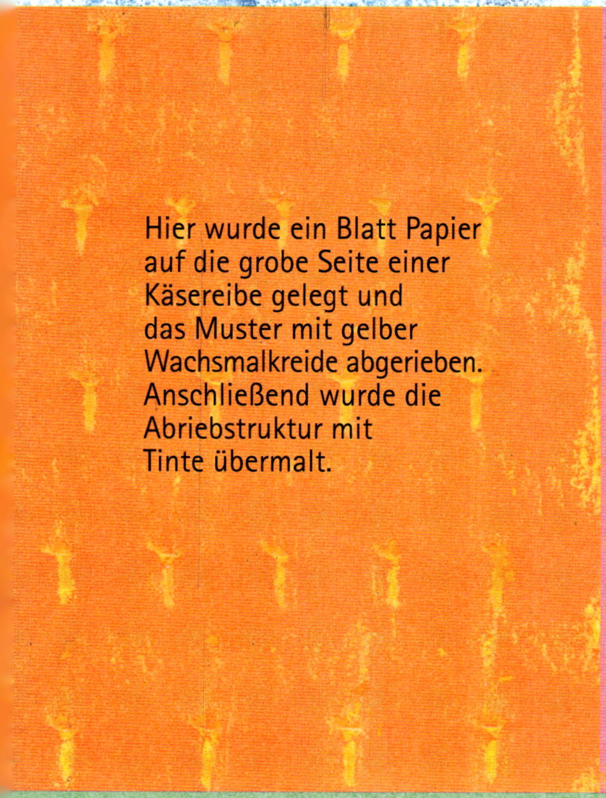

Hier wurde ein Blatt Papier auf die grobe Seite einer Käsereibe gelegt und das Muster mit gelber Wachsmalkreide abgerieben. Anschließend wurde die Abriebstruktur mit Tinte übermalt.

Diese Abriebstruktur wurde mithilfe der feinen Seite einer Käsereibe erzeugt.

Streue für diesen Effekt Salz auf feuchte wässrige Farbe. Lass alles trocknen und reibe dann das gesamte Salz ab.

Bemale ein Stück Frischhaltefolie mit Farbe und lege ein Blatt Papier darauf. Reibe vorsichtig über das Papier und nimm es dann ab.

Dieser Hintergrund wurde ebenfalls mit bemalter Frischhaltefolie gestaltet (siehe unten links).

Diese Papierbögen wurden mit einem Malerpinsel bemalt. Pinsle erst einen Farbton auf, lass ihn trocknen und pinsle dann einen anderen Farbton darüber.

Hier wurde Papier mit wässriger Farbe bemalt. Dann wurde es mit sauberem Wasser bespritzt, solange die Farbe noch feucht war. Die Spritztechnik lernst du auf Seite 30–31.

Reibe mit der Seite eines Wachsmalstifts über ein Blatt Papier und bemale dann die ganze Seite mit Farbe.

Strukturpapier-Bild

SCHWARZES PAPIER UND KLEINE STÜCKE WEISSES PAPIER

Hier werden verschiedene Möglichkeiten vorgestellt, um strukturiertes Papier und Muster mit Farbe, Pastellstiften und Collagetechnik zu gestalten. Du musst die Ideen nicht genau befolgen; experimentiere einfach mit den verschiedenen Techniken. Am Ende kannst du aus deinen Mustern quadratische Formen ausschneiden und sie zu einem Bild zusammenkleben.

1. Male wie auf Seite 7 beschrieben mit hell- oder königsblauer Farbe einen Wirbelkreis. Benutze einen dicken Pinsel.

2. Bemale ein anderes Blatt Papier mit blauer Farbe. Lass sie trocknen. Schneide das Blatt in Streifen und klebe diese auf ein weißes Blatt.

3. Zeichne mit Pastell- oder Ölpastellkreide dicke, schnelle Striche auf ein Blatt Papier. Sie können ruhig chaotisch aussehen.

4. Schreibe mit weißer Pastellkreide in Schreibschrift lange, aneinanderhängende Wörter auf ein schwarzes Blatt Papier.

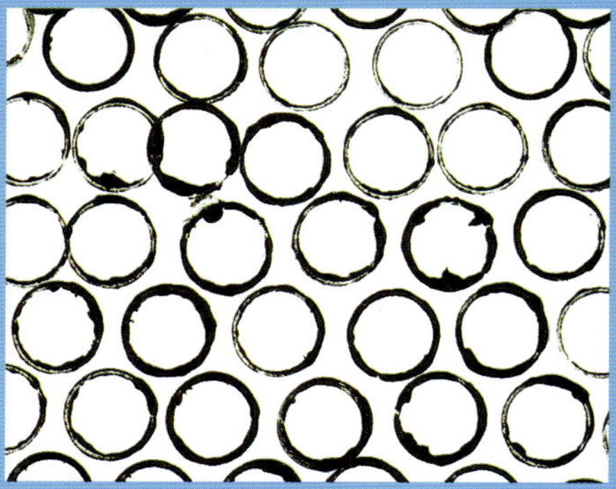

5. Tauche einen Flaschenverschluss in dickflüssige schwarze Farbe und drucke mit dem Verschluss mehrere Reihen von Kreisen.

6. Male zwei blaue Linien auf ein Blatt Papier. Klebe zwei schwarz angemalte Papierstreifen dazu. Male noch ein pinkes Quadrat.

7. Male auf einem Blatt Papier Farbblöcke in blauer Farbe. Ziehe mit weißer Pastellkreide einen Streifen durch die Mitte.

8. Schneide aus den Blättern quadratische Formen aus. Ordne sie auf einem großen Blatt schwarzen Zeichenkarton an und klebe sie auf.

Seidenpapier-Blumen

SEIDENPAPIER UND DICKES PAPIER

1. Reiße blaues Seidenpapier in Streifen. Klebe diese quer auf ein Blatt Papier, so dass sie sich überlappen.

2. Schneide aus grünem Seidenpapier einige dünne Streifen für die Stängel aus und klebe sie auf.

3. Schneide einige rote Blütenblätter aus und klebe jeweils vier Blätter um einige Stängelenden herum.

4. Klebe orange Blütenblätter an die übrigen Stängelenden, so dass sie einige der roten Blätter überlappen.

5. Zeichne mit einem dünnen Filzstift eine Linie um jede Blüte. Sie muss nicht allzu genau sein.

6. Zeichne einen kleinen Kreis in die Mitte jeder Blüte und zwei oder drei Striche in jedes Blütenblatt.

Bei diesen Blumen wurden auch die Stängel mit einer Linie umrandet.

Strukturpapier-Häuser

WEISSES TONPAPIER ODER DÜNNE PAPPE

1. Schneide eine Zickzacklinie in das Ende eines Streifens aus dicker Pappe. Bemale dann ein rechteckiges Stück Tonpapier mit Acrylfarbe.

2. Ziehe mit dem Zickzackende des Streifens mehrere Bahnen über die Farbe, so dass eine Oberfläche mit Linien entsteht. Lass die Farbe trocknen.

3. Schneide kleine Dreiecke in größeren Abständen in das Ende eines zweiten Pappstreifens und ziehe ihn über ein frisch bemaltes Rechteck.

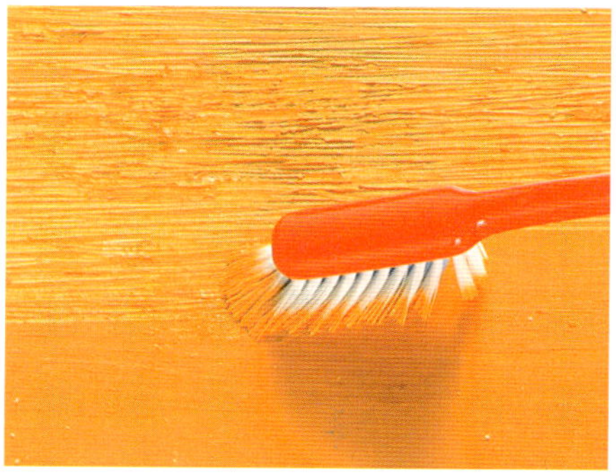

4. Eine sehr feine Struktur erhälst du, wenn du eine alte Zahnbürste mehrmals über ein frisch bemaltes Rechteck ziehst.

5. Du kannst verschiedene Formen in die Kanten von Pappstücken schneiden und damit nach Lust und Laune experimentieren.

6. Schneide aus dem strukturierten Papier rechteckige Häuser, Fenster, Türen und Dächer aus und klebe sie auf eine große Pappe.

Knote die Fäden fest an eine Kordel, damit sie nicht hin- und herrutschen.

Faltsterne

DICKES PAPIER

1. Schneide aus Tonpapier oder Bastelkarton mehrere gleich breite Streifen aus. Bemale alle Streifen in derselben Farbe.

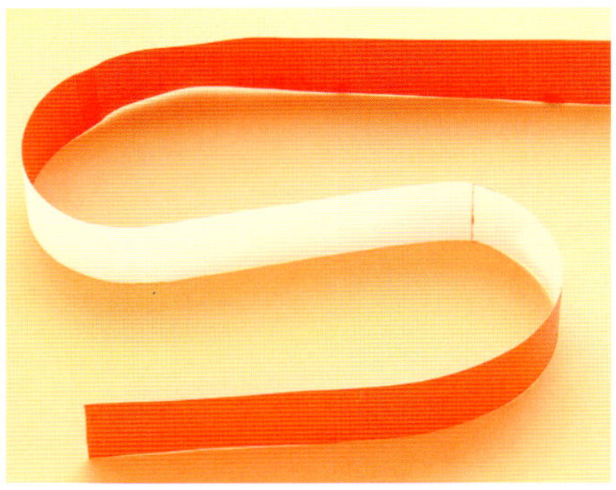

2. Klebe die Papierstreifen zu einem ganz langen Streifen zusammen, der mindestens dreimal so lang wie die Breite dieser Seite ist.

3. Falte zunächst ein Streifenende so wie im Bild. Drücke den Falz gut mit den Fingern fest. Er wird eine Kante des Sterns bilden.

4. Falte das lange Streifenende nach oben. Lass einen Abstand, der genauso lang wie der erste Falz ist. Leg den Streifen an der oberen Ecke an.

5. Nun faltest du den Streifen nach hinten, so dass er genau entlang des ersten Falzes verläuft. Alle Kanten müssen die gleiche Länge haben.

6. Falte den Streifen mehrmals um die fünfkantige Form herum. Achte darauf, dass alle Kanten genau miteinander abschließen.

Du kannst die Sterne mit vielen verschiedenen Mustern verzieren.

Das Streifenende wird hier eingesteckt.

7. Wenn du das Streifenende erreicht hast, stecke es so weit es geht unter die letzte Lasche und mache mit den Fingern einen Falz.

Du darfst die Kanten ruhig fest in Form drücken.

8. Drücke alle Kanten der Form fest ein, so dass Sternzacken entstehen. Ziehe die Spitzen dann nacheinander gerade.

Sei vorsichtig, wenn du mit der Nadel arbeitest.

9. Verziere den Stern mit Farbe oder Glitzerkleber. Stich eine Nadel mit Faden durch eine Spitze und verknote die Enden.

Pappcollage

PAPPE UND STRUKTURIERTES PAPIER (SIEHE SEITEN 6-9)

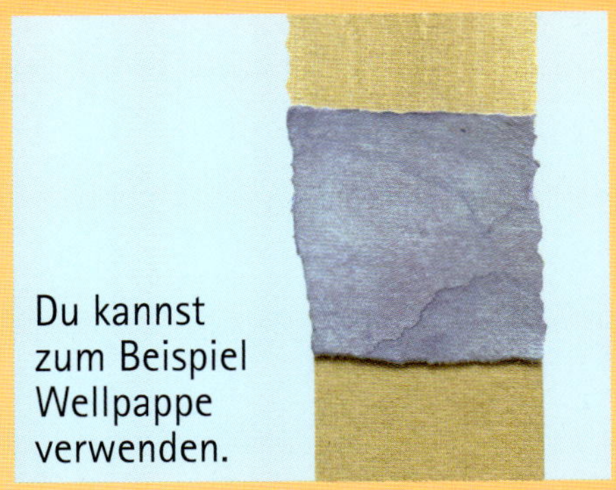

1. Reiße je ein Rechteck aus Pappe und blau bemaltem Papier. Schneide dann ein Rechteck aus Pappe aus und klebe alle drei zusammen.

2. Reiße Dreiecke aus strukturiertem Papier. Klebe sie dann auf das obere Pappstück, so dass ein Zickzack-Muster entsteht.

3. Reiße noch ein Rechteck aus bemaltem Papier. Wenn du beim Reißen eine Hand zu dir ziehst, erhälst du eine helle Kante. Kleb es auf.

4. Klebe helles Seidenpapier in der gleichen Form darüber, so dass die abgerissenen Kanten durchscheinen. Klebe einen blauen Punkt darauf.

5. Reiße eine Spirale in ein Stück Silberpapier. Schneide dann zwischen den gerissenen Kanten entlang. So entstehen zwei dünne Spiralen.

6. Klebe die silbernen Spiralen auf das bemalte Papier. Reiße aus rotem Papier ein Rechteck und klebe es daneben auf.

Diese Collage entstand aus Wellpappe und verschiedenen Bögen Strukturpapier.

Die oben abgebildete Wellpappe wurde aus einem alten Karton herausgeschnitten. Die obere Papierschicht wurde abgerissen, um die Riffelung zum Vorschein zu bringen.

Das schwarze Papier stammt von einer alten Fotokopie.

7. Klebe ein schwarzes Rechteck unten auf die Pappe und einen aus einer Zeitschrift ausgerissenen roten Papierstreifen darüber.

8. Reiße ein Rechteck aus blauem und schneide einen Kreis aus orangem Papier. Klebe sie auf und falte je die Hälfte auf die Rückseite.

9. Reiße einen schmalen Streifen aus schwarzem Papier. Klebe ihn so auf, dass er mehrere der Formen überlappt.

Papiermosaik-Dosen

WEISSES PAPIER, DAS LANG GENUG IST, UM ES UM EINE DOSE HERUMZUWICKELN

1. Schneide von einem weißen Blatt so viel ab, das es genauso hoch ist wie deine Dose. Klebe kleine grüne Papierrechtecke entlang der Mitte auf.

2. Klebe schmale rote Papierstreifen zwischen die Rechtecke. Klebe kleine lila Streifen auf gelbe Quadrate und klebe sie obendrauf.

3. Lege viele gelbe Rechtecke aufeinander, schneide ein „V" hinein und klebe sie zu beiden Seiten des grünen Streifens in einer Reihe auf.

Das gesamte Papier, das für diese Mosaik-Dosen verwendet wurde, stammt aus alten Zeitschriften.

Du kannst mit dieser Technik auch Lesezeichen gestalten.

4. Schneide aus Papier in einem anderen Grünton Dreiecke und dünne Streifen aus und klebe sie zwischen die gelben V-Formen.

5. Mache zwei Reihen aus gelben Rechtecken und dünnen grünen Streifen. Lass diesmal aber etwas mehr Platz zwischen den Reihen.

6. Klebe dünne gelbe und grüne Streifen in den Freiraum. Füge am Ende oben und unten grüne und rote Streifen hinzu.

Verzierte Dosen eignen sich perfekt als Stiftehalter.

7. Schneide ein Stück Buchschutzfolie ab, das genauso groß wie das Mosaik ist. Entferne das Trägerpapier und klebe die Folie glatt auf.

8. Wickle das Mosaikpapier um die Dose und schneide den oberen und unteren Rand passgenau zu. Befestige die Enden mit Klebestreifen.

Seidenpapier-Teich

SEIDENPAPIER

1. Breite ein Stück Frischhaltefolie aus. Reiße hellblaues Seidenpapier in viele Schnipsel und verteile diese auf der Folie.

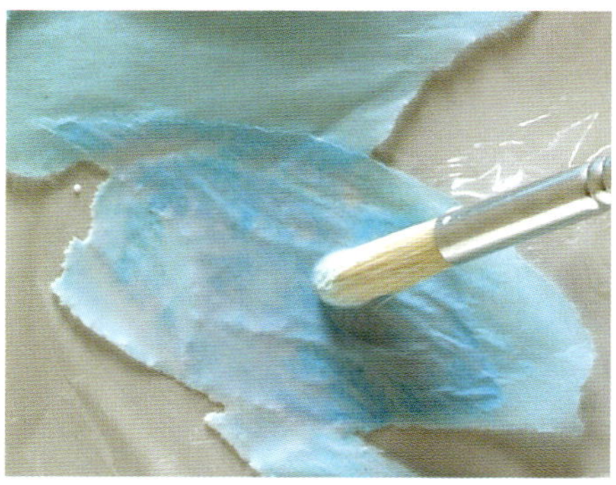

2. Verdünne etwas Leim mit Wasser und verteile ihn mit einem Pinsel über die Schnipsel, so dass sie teilweise zusammenkleben.

3. Reiße türkisfarbenes Seidenpapier in kleine Schnipsel. Lege sie auf das hellblaue Papier und pinsle etwas Leim darüber.

4. Reiße aus grünem Seidenpapier Seerosenblätter. Lege sie auf das „Wasser“, so dass sich einige überlappen, und pinsle Leim darüber.

5. Reiße ovale Fischformen mit Schwanzflossen aus orangem Seidenpapier. Verteile sie auf dem Wasser und pinsle Leim darüber.

6. Wenn der Leim vollständig getrocknet ist, ziehe das Seidenpapier langsam und vorsichtig von der Folie ab. Fertig ist dein Teich!

Die Seidenpapierlagen erwecken den Eindruck, als ob die Fische unter Wasser schwimmen.

Verrückte Gesichter

WELLPAPPE UND FARBIGER BASTELKARTON

1. Zeichne ein einfaches Gesicht mit Haaren und Pullover auf ein Blatt Papier. Ziehe in der Mitte eine Linie mit einer Nasenkontur.

2. Pause diese Skizze auf Transparentpapier ab. Drehe das Papier dann um und kritzle mit einem Bleistift über die Konturen.

3. Drehe das Pauspapier um und lege es auf hellen Karton. Ziehe den Gesichtsumriss mit einem Kugelschreiber nach und schneide ihn aus.

4. Lege das Pauspapier auf dunkleren Karton. Ziehe den Umriss der rechten Gesichtshälfte nach und schneide sie aus.

5. Ziehe den Haarumriss auf Bastelkarton nach und schneide ihn aus. Klebe Wellpappe von hinten mit Klebeband oder Leim fest.

6. Klebe das Gesicht auf die Haare. Klebe dann die rechte Gesichtshälfte auf. Schneide Lippen und Augen aus und klebe sie auf. Male Wimpern.

7. Schneide aus Karton in einer anderen Farbe einen Pullover aus und klebe ihn so auf, dass er das Haar und den Hals überlappt.

Männergesicht

1. Folge den Schritten 1 bis 4. Ziehe den Umriss mit einem Kugelschreiber auf farbigem Karton nach und schneide ihn aus.

2. Klebe die rechte Gesichtshälfte auf das Gesicht und schneide mit einem Hobbymesser die Augen aus. Klebe das Gesicht auf Wellpappe.

Der Pullover dieses Mädchens wurde aus dem Hintergrund ausgeschnitten.

Diese Wellpappe stammt aus einem Bastelgeschäft.

Papierweben

ALLE PAPIERSORTEN

1. Ziehe mit einem Bleistift parallel zur Kante eines rechteckigen Blatt Papiers eine Linie. Schneide bis zu dieser Linie Schlitze hinein.

2. Schneide aus verschiedenfarbigen Bögen Papier viele Streifen aus. Sie müssen länger als die Breite des Blatts in Schritt 1 sein.

3. Webe einen Papierstreifen durch die Schlitze. Beginne dabei über dem ersten Längsstreifen. Schiebe den Streifen am Ende nach oben.

4. Webe unter dem ersten einen weiteren Papierstreifen ein. Der zweite Querstreifen beginnt unter dem ersten eingeschnittenen Streifen.

5. Webe weitere Streifen ein, bis das Rechteck ausgefüllt ist. Schiebe dabei jeden Querstreifen an den darüberliegenden heran.

6. Drehe deine Webarbeit um und fixiere die Streifen mit Klebeband. Schneide dann das überstehende Papier oberhalb der Bleistiftlinie ab.

Für diese zwei Webarbeiten wurden Geschenkpapier und Papier mit reliefartiger Struktur verwendet.

Versuche doch mal, Bänder und Schnüre zwischen die Papierstreifen einzuweben.

Für die Webarbeit oben wurden aus unterschiedlichen Plastiktüten ausgeschnittene Streifen verwendet.

Du könntest aus Pappe einen Rahmen basteln (siehe Seite 54) und eine Papier-Webarbeit dahinterkleben.

Bei dieser Webarbeit wurden wellenartige Schlitze in das Rechteck geschnitten und gerade Papierstreifen eingewoben.

Hier wurden Schlitze mit unterschiedlichem Abstand in das Rechteck geschnitten.

Gewebte Herzen und Sterne

STRUKTURIERTES PAPIER (SIEHE SEITEN 6-9)

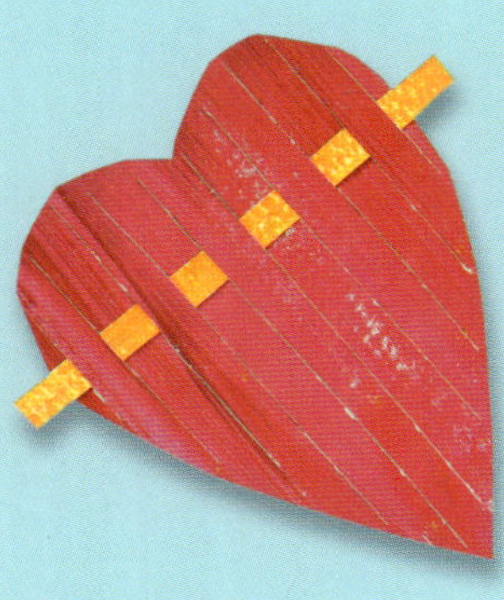

1. Schneide aus strukturiertem Papier oder dünner Pappe ein großes Herz aus. Schneide mit einem Hobbymesser vorsichtig Schlitze hinein.

2. Schneide nun aus strukturiertem Papier einen Streifen aus und webe ihn durch die Schlitze. Schiebe ihn dann ganz nach oben.

3. Webe unter dem ersten einen weiteren Streifen ein. Dieser muss umgekehrt zum ersten über und unter den Längsstreifen liegen.

Wenn du einen Stern webst, nimm kurze Streifen für die oberen und unteren Zacken.

4. Webe immer kürzer werdende Papierstreifen hinein, bis du die ganze untere Herzhälfte ausgefüllt hast.

In diesen Stern wurden Papierstreifen unterschiedlicher Breite eingewebt.

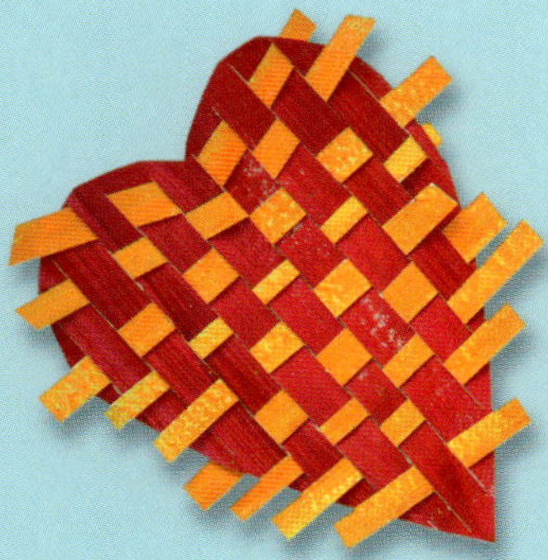

5. Schneide zum Ausfüllen der oberen Herzhälfte vier kurze Papierstreifen aus. Webe sie leicht angewinkelt ein, so wie im Bild.

6. Wenn das Herz komplett ausgefüllt ist, kürze die Streifenenden so, dass sie etwas über den Rand des Herzens hinausstehen.

Bespritzte Papiercollage

FARBIGES PAPIER, ZUM BEISPIEL BASTELPAPIER

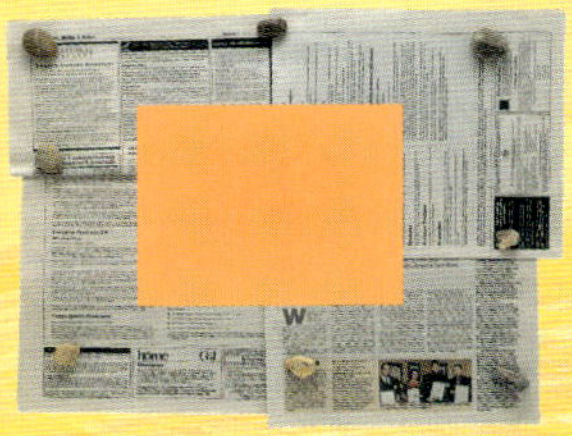

1. Lege viel Zeitungspapier aus, da du weit spritzen wirst. Lege nun das farbige Papier in die Mitte.

2. Fülle etwas Farbe, z.B. Acrylfarbe, in ein Behältnis. Füge Wasser hinzu, damit sie dünnflüssig wird.

3. Tauche eine alte Zahnbürste in die Farbe. Halte die Bürste über das Bastelpapier.

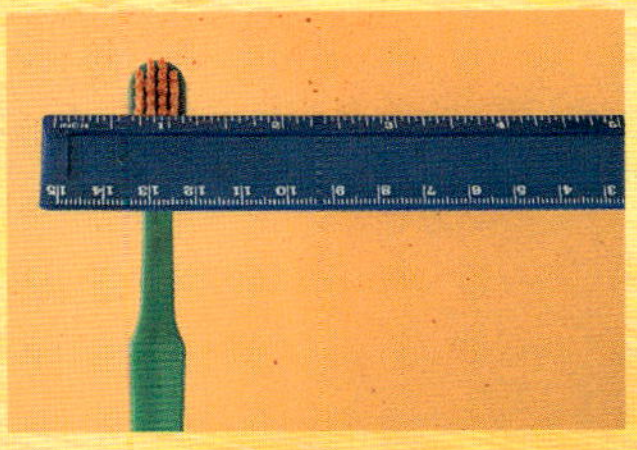

4. Ziehe ein Lineal über die Bürste zu dir heran, so dass die Farbe auf das Papier spritzt.

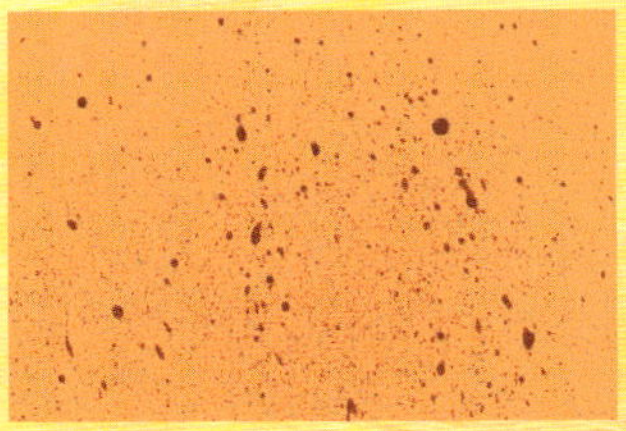

5. Spritze soviel Farbe darüber, bis du den gewünschten Effekt erhältst. Lass sie trocknen.

6. Verdünne eine andere Farbe mit Wasser und spritze sie auf die gleiche Weise auf dein Blatt.

7. Große Farbkleckse erzielst du mit einem Malerpinsel. Tauche ihn ebenfalls in dünnflüssige Farbe.

8. Schüttle den Pinsel über dem Papier kräftig aus. Wiederhole das Ganze mehrmals.

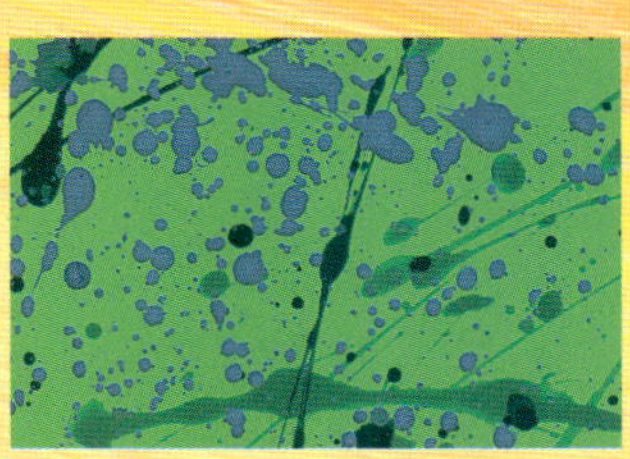

9. Spritze so lange weiter, bis du das gewünschte Muster erhältst. Lass es vollständig trocknen.

10. Zeichne die Umrisse eines Frosches und einiger Grasbüschel auf die Rückseite des Blattes.

11. Zeichne Pflanzen und einen Streifen für Wasser auf die Rückseiten von Bögen mit feinen Spritzern.

12. Schneide die Formen aus und klebe sie auf einen Bogen Papier oder Bastelkarton in einer Kontrastfarbe.

Funkelnde Quadrate

DURCHSICHTIGE BUCHSCHUTZFOLIE

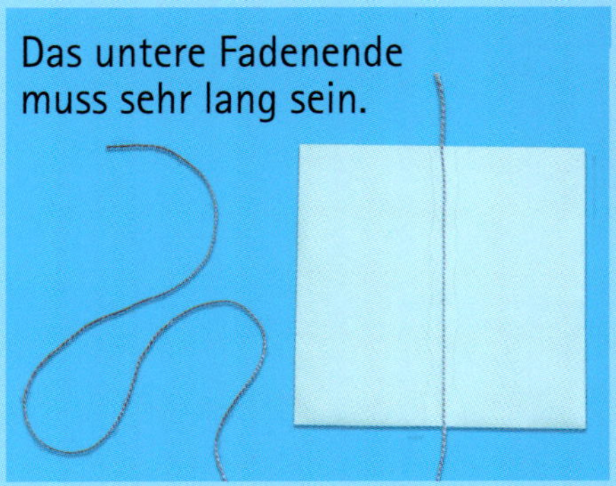

1. Schneide aus Buchschutzfolie zwei gleiche Quadrate aus. Ziehe das Trägerpapier eines Quadrats ab und lege es mit der Klebefläche nach oben.

2. Schneide einen langen bunten Faden zurecht und lege ihn in der Mitte längs über die Folie. Er bleibt an der Klebefläche haften.

3. Reiße viele kleine Schnipsel aus Seidenpapier. Drücke sie auf die Klebefläche. Lass dabei große Abstände zwischen den einzelnen Schnipseln.

4. Klebe unterschiedliche Pailletten in die Lücken. Du kannst auch kurze Stücke Geschenkband oder schöne Fäden verwenden.

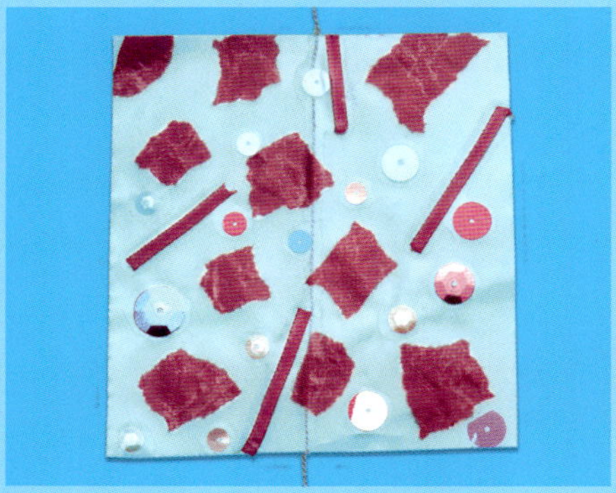

5. Ziehe das Trägerpapier von dem anderen Quadrat ab und klebe es auf die verzierte Folie. Schneide überstehende Ränder ab.

6. Füge unter dem ersten weitere Folienquadrate hinzu. Lass etwas Platz auf dem Faden, bevor du ein neues Quadrat aufklebst.

Die Quadrate funkeln, wenn sie sich drehen.

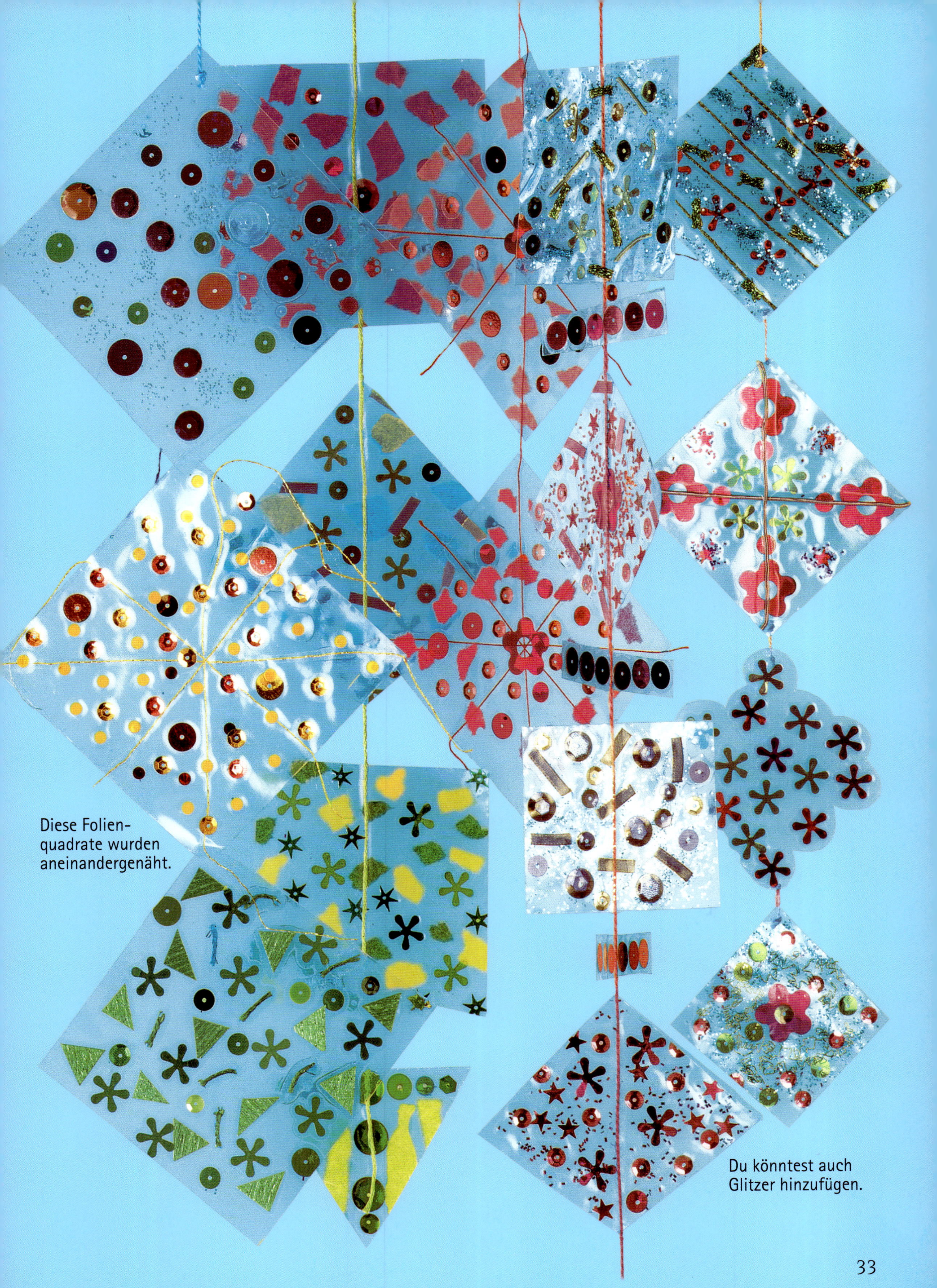

Diese Folienquadrate wurden aneinandergenäht.

Du könntest auch Glitzer hinzufügen.

Mode-Scherenschnitte

BASTEL- UND GESCHENKPAPIER

1. Schneide aus einer Zeitschrift eine Seite mit einem Bild von einer Person in einem Outfit aus, das dir gut gefällt.

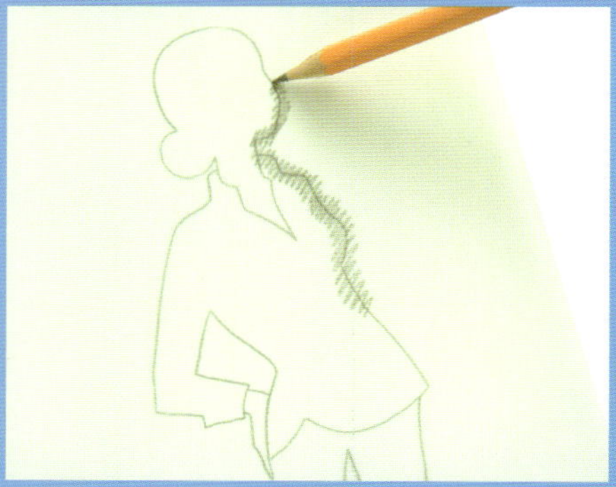

2. Zeichne die Umrisse von Kopf, Körper und Kleidung auf Pauspapier nach. Drehe das Papier um und kritzle mit Bleistift über die Linien.

3. Schneide zwei Rechtecke aus weißem, eines aus braunem und eines aus rosa Papier aus. Sie müssen größer als die Figur sein.

4. Lege das Pauspapier mit der schraffierten Seite nach unten auf das braune Papier. Ziehe Kopf, Füße und Hand mit Kugelschreiber nach.

5. Schneide sie mit einem Hobbymesser aus, behalte aber die Formen. Ziehe die Kleidung auf dem rosa Papier nach und schneide sie aus.

6. Lege das Pauspapier auf ein Stück gemustertes Geschenkpapier. Ziehe die Umrisse der Kleidung erneut nach und schneide sie aus.

7. Klebe das braune Rechteck mit den Löchern auf eines der weißen Blätter. Klebe die rosa Bluse und die gemusterte Hose darauf.

8. Klebe die gemusterte Bluse auf das andere weiße Blatt Papier. Klebe anschließend das rosa Rechteck darauf.

9. Nun kannst du den braunen Kopf, die Hand und die Füße an die Figur auf dem rosa Papier kleben (die rosa Hose bleibt übrig).

Klebe deine Bilder nebeneinander
auf ein großes Blatt Papier.

Wenn du in Zeitschriften kein passendes Bild findest, kannst du diese Figur abpausen.

Gefaltetes Batikpapier

WEISSES ODER HELLES SEIDENPAPIER

1. Falte ein rechteckiges Seidenpapier, das etwa so groß wie diese Seite ist, in der Mitte. Falte es dann noch drei Mal auf die Hälfte.

2. Tauche einen Pinsel in sauberes Wasser und befeuchte das gefaltete Papier solange damit, bis es durchgeweicht ist.

3. Male mit Tinte einen blauen Streifen in der Mitte. Wiederhole das zwei oder drei Mal, so dass die Tinte in das Papier einzieht.

Auf das unten abgebildete Papier wurde Tinte gekleckst, als es gefaltet war.

4. Bemale die Ecken des gefalteten Papiers mit lila Tinte. Sie sollte in das Papier einziehen und sich etwas mit der blauen Tinte vermischen.

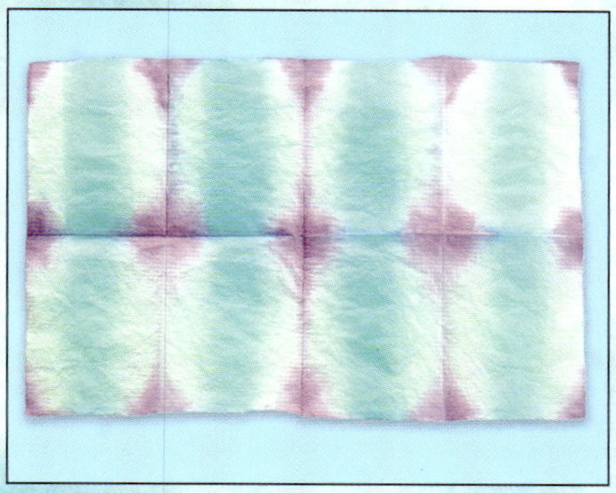

5. Lass das Blatt gefaltet trocknen. Wenn es ganz trocken ist, falte es vorsichtig auseinander. Jetzt kannst du das Muster sehen.

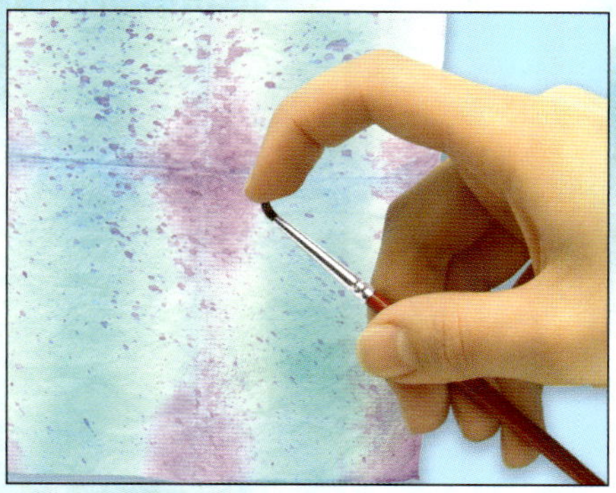

6. Tauche einen Pinsel in lila Tinte und halte ihn über das Papier. Streiche nun über die Borsten und spritze die Tinte über das gesamte Blatt.

Hier wurden viele grüne Streifen auf feuchtes Papier gemalt.

Formen aus Papier

ALLE PAPIERSORTEN

Spirale

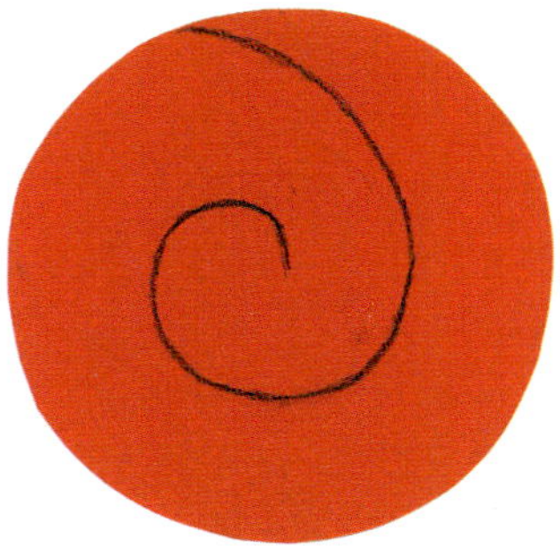

1. Schneide aus farbigem Papier oder Bastelkarton einen Kreis aus und zeichne dann vom Rand zur Mitte eine Spirale darauf.

2. Mache einen kleinen Bogen und zeichne dann eine zweite Linie neben der ersten bis zum Rand. Halte dabei den Abstand gleich.

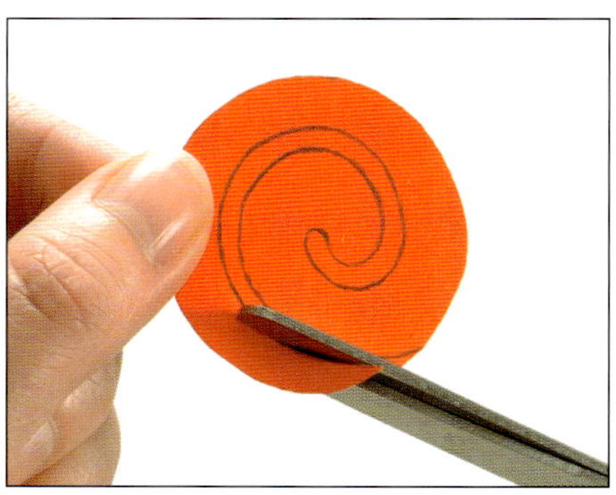

3. Schneide an einer Linie der Spirale entlang und drehe das Papier dabei. Schneide weiter, bis du wieder am Rand ankommst.

4. Runde das spitze Ende der Spirale ab und gleiche alle Unebenheiten aus. Klebe die Spirale auf ein andersfarbiges Blatt.

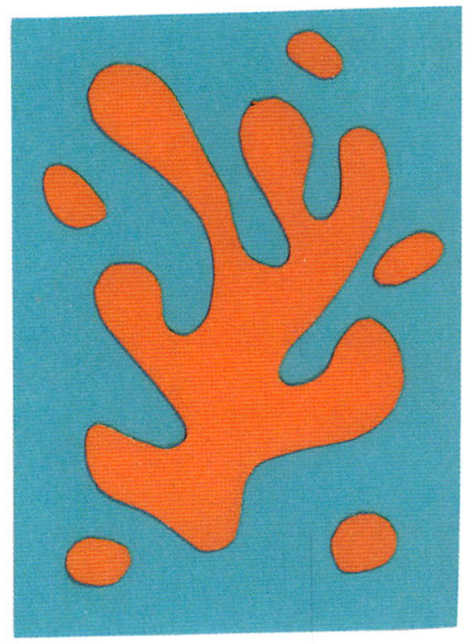

Klebe verschiedene ausgeschnittene Formen übereinander.

So entsteht eine Sonne: Schneide einen Kreis aus und dann kleine Dreiecke in den Rand. Klebe einen weiteren Kreis darauf.

Die Herzformen eignen sich zum Beispiel für Valentinskarten.

Du kannst runde Formen mit Quadraten und Rechtecken kombinieren.

Fisch

1. Schneide aus blauem und orangem Papier zwei gleich große Rechtecke aus. Zeichne eine Wellenlinie auf das blaue Rechteck.

2. Skizziere eine einfache Fischform über die Linie. Schneide an der Linie entlang und dann das Vorderteil des Fisches aus.

3. Klebe die linke Bildhälfte auf das orange Blatt. Schneide dann den hinteren Teil des Fisches aus und klebe ihn auf. Klebe ein blaues Auge auf.

Giraffen-Collage

EIN GROSSES STÜCK PAPPE

1. Klebe braunes Packpapier auf eine große Pappe. Reiße von andersfarbigem Papier ein Stück ab und klebe es auf den unteren Teil.

Klebe den Bereich außerhalb der gestrichelten Linie noch nicht fest.

2. Schneide einen gelben Giraffenkörper und Beine sowie einen Kopf aus Wellpappe aus. Klebe alle Teile auf die Pappe.

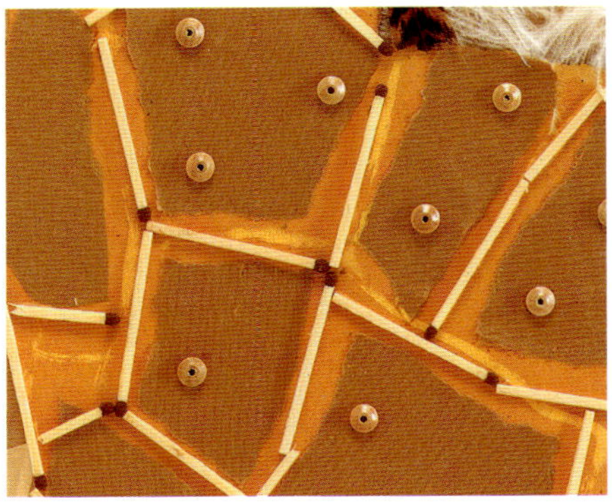

3. Reiße Schnipsel aus braunem Papier und klebe sie auf den Körper. Klebe Streichhölzer dazwischen. Füge Perlen oder getrocknete Bohnen hinzu.

4. Klebe für die Mähne flaumige Federn oder viele Wollfäden hinten am Hals entlang und am Rücken auf. Klebe lange Federn darüber.

5. Wickle schwarze Wolle oder Garn um die Hufe und klebe zum Beispiel Streichhölzer, Federn und Glanzpapierschnipsel auf.

6. Entferne den Draht aus einer Wäscheklammer und klebe jeweils einen großen Kern oder eine Bohne an die Klammerenden. Fertig sind die Hörner.

Bastle Vögel, die du um die Giraffe herum aufkleben kannst. Reiße dazu aus Papier Körper und Flügel und halte sie mit Heftklammern zusammen.

7. Klebe Knöpfe, getrocknete Pflanzen und Federn als Augen zusammen. Klebe sie auf und leime nun auch den Rand des Körpers an.

Wenn du nicht genau die Materialien hast, die auf diesem Bild zu sehen sind, ist das kein Problem – nimm einfach, was du finden kannst.

Das Schwanzende wurde unter den Körper gelegt, bevor dieser ganz aufgeklebt wurde.

Mosaikkristalle

WEISSER TONKARTON

1. Schneide aus weißem Tonkarton kleine Rechtecke aus. Bemale jedes mit Tinte oder Farbe in einem anderen Blauton. Lass sie trocknen.

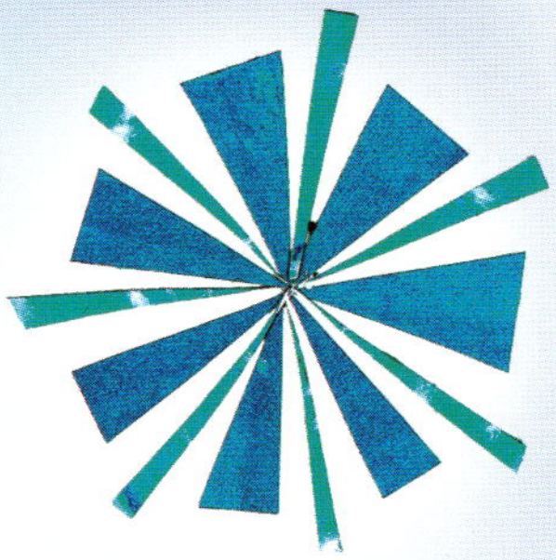

2. Schneide aus einem der bemalten Bögen etwa zehn lange Dreiecke aus. Klebe sie kreisförmig auf ein weißes Blatt Papier.

Diese Mosaike wurden aus unterschiedlichen Formen wie Dreiecken, Rechtecken und Halbkreisen gestaltet.

3. Schneide aus anders bemaltem Tonkarton kleine Dreiecke aus und klebe sie um den Kreis herum, so wie im Bild.

4. Schneide mehrere kleine Rechtecke aus, verteile sie gleichmäßig um den Kreis herum und klebe sie auf. Lass dabei einen Abstand.

5. Klebe jeweils ein langes, schmales Dreieck zwischen die Rechtecke. Klebe dann jeweils zwei noch schmalere Dreiecke seitlich davon auf.

6. Schneide kleine Dreiecke aus und klebe sie sternförmig an das Ende der schmalen Dreiecke, wobei die Spitzen zur Mitte zeigen.

7. Schneide zum Abschluss lange, schmale Dreiecke aus und klebe sie an die kleinen Rechtecke. Lass dabei jeweils einen Abstand.

Geprägte Zahnräder

DÜNNE PAPPE UND BASTELPAPIER

1. Zeichne mit einem Zirkel drei große Kreise auf einen Bogen Bastelkarton oder Pappe. Sie sollten unterschiedlich groß sein.

2. Zeichne Zacken um jeden Kreis und jeweils einen weiteren Kreis in die Mitte. Schneide die Kreise entlang der Zacken aus.

3. Zeichne auf dem größten Rad gleich große Bögen an den Innenkreis. Schneide diese mit einem Hobbymesser aus.

4. Stanze mit einem Locher mehrere Löcher in Pappreste. Nimm die kleinen Pappkreise heraus und klebe sie nahe am Rand auf.

5. Schneide die Mitte des zweiten Rads aus. Schneide Zacken in den Rand und einen Kreis aus der Mitte dieses kleinen Rads heraus.

6. Klebe ein kleines Zahnrad aus Pappe auf das letzte Rad. Schneide aus Pappe einen Ring aus und klebe ihn in die Mitte.

7. Lege alle Zahnräder auf ein Blatt Papier oder eine Pappe. Ordne sie überlappend an und klebe sie nacheinander fest.

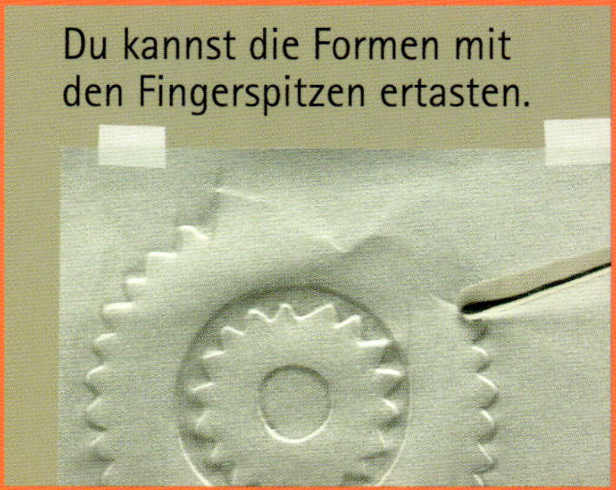

8. Klebe einen Bogen Glanzpapier über die Räder. Drücke das Papier mit den Fingern und dem Stiel eines Teelöffels auf die Pappformen.

9. Fahre genauso fort, bis alle Formen einen Abdruck auf dem Papier hinterlassen haben. Diese Technik nennt man „Prägen".

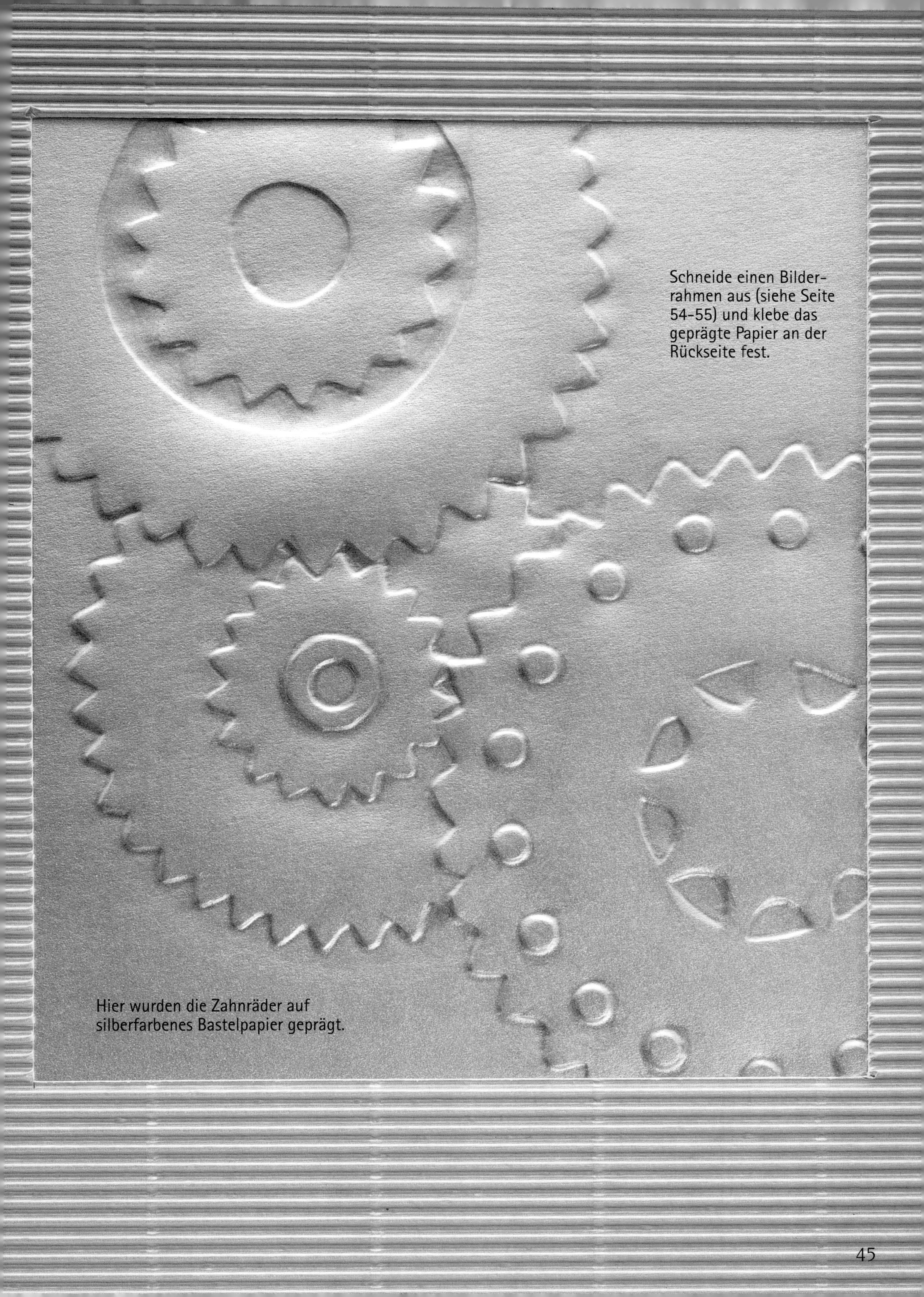

Schneide einen Bilderrahmen aus (siehe Seite 54-55) und klebe das geprägte Papier an der Rückseite fest.

Hier wurden die Zahnräder auf silberfarbenes Bastelpapier geprägt.

Blättercollage

TONPAPIER ODER PAPPE

1. Male mit einem dicken Pinsel und dunkler Farbe vertikale und horizontale Linien auf das Tonpapier.

2. Lass die Farbe trocknen. Schneide ein Stück Seidenpapier aus, bedecke damit die Linien und klebe es an.

3. Reiße aus andersfarbigem Seidenpapier mehrere Quadrate und Rechtecke und klebe sie ebenfalls auf.

4. Schneide aus Wellpappe ein Quadrat aus. Tunke es in Farbe und verteile mehrere Abdrücke auf deinem Bild.

5. Schneide entweder einige Blätter aus einer Abbildung in einer Zeitschrift oder Blattformen aus Papier aus.

6. Schneide aus Gras- oder Blätterabbildungen in einer Zeitschrift kleine Rechtecke aus. Klebe sie auf.

7. Zeichne mit dunklem Filzstift horizontale und vertikale Linien ein. Umrande grob die Blätter.

Geometrische Drucke

ALLE PAPIERSORTEN

Sei beim Schneiden mit dem Hobbymesser sehr vorsichtig.

1. Halbiere einen langen Radiergummi mit einem Hobbymesser. Halbiere dann eine der Hälften nochmals längs.

2. Zeichne zwei Doppellinien auf eines der kleinen Stücke. Halte das Messer angewinkelt und mache einen Schnitt entlang einer Linie.

3. Drehe den Radiergummi um und schneide entlang der Linie daneben, so dass eine Rille entsteht. Schneide die andere Doppellinie genauso.

4. Schneide die andere Hälfte diagonal in zwei Dreiecke. Ziehe vier Doppellinien auf ein Dreieck und schneide sie wie zuvor ein.

5. Stecke eine Reißzwecke oder Stecknadel in die Rückseite der Radiergummis. Damit kannst du sie beim Drucken besser festhalten.

6. Mache ein Schwammtuch nass und drücke es dann ganz fest aus. Verteile mit der Rückseite eines Löffels Acrylfarbe darauf.

7. Drücke den ersten Radiergummi in die Farbe, dann auf ein Blatt Papier. Tunke ihn vor jedem Druck wieder in die Farbe.

8. Drucke dann über jedem Liniendruck ein Dreieck auf. Gestalte dein Blatt mit mehreren Reihen aus Linien und Dreiecken.

9. Drucke ein kleines Radiergummiquadrat zwischen den Dreiecken auf. Drucke ein weiteres Radiergummiquadrat mit einer Rille darüber.

Für diese geometrischen Muster wurden verschiedene Formen in Radiergummis geschnitten.

Straßenszene-Collage

ALTE ZEITSCHRIFTEN UND FARBIGES ODER STRUKTURIERTES PAPIER (SIEHE SEITEN 6-9)

1. Schneide aus Zeitschriften Papierstücke mit verschiedenen Mustern aus. Schneide aus Fotos von Menschen Haare, Ohren und Münder aus.

2. Zeichne auf ein Foto von Haaren eine Frisur und schneide sie aus. Klebe sie auf ein weißes Blatt Papier oder Tonkarton.

3. Lege Pauspapier über die Haare und zeichne ein Gesicht und einen Hals. Drehe das Pauspapier um und kritzle mit Bleistift über die Linien.

Hier siehst du einige Vorschläge zum Gestalten einer Straßenszene. Schneide einen passenden Hintergrund aus und klebe viele verschiedene Figuren darauf.

Statt einer Mauer kannst du auch Pflanzen ausschneiden und so aufkleben, dass sie wie eine Hecke aussehen.

4. Drehe das Pauspapier erneut um. Lege es auf hautfarbenes Papier. Zeichne die Gesichtsumrisse nach und schneide sie aus.

5. Klebe das Gesicht auf die Haare und darauf einen Mund und Ohren. Zeichne dann Augen und Nase. Klebe ein Kleid aus Strukturpapier auf.

6. Schneide Beine, Arme und ein Paar Schuhe aus und klebe sie auf. Füge einen Ärmel und eine herzförmige Tasche hinzu.

Seidenpapier-Fisch

SEIDENPAPIER

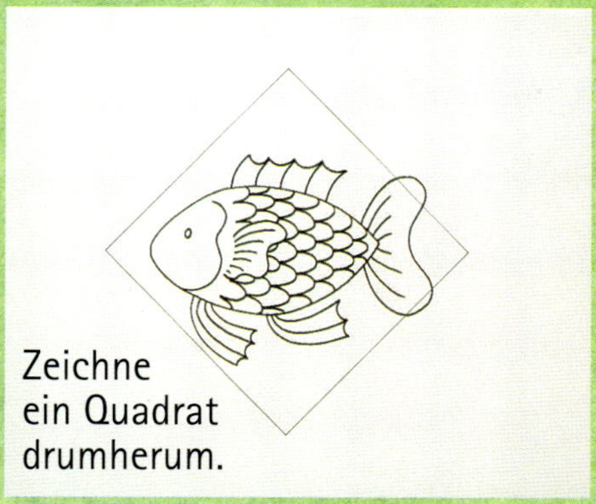

1. Zeichne mit einem dicken schwarzen Filzstift einen großen Fisch auf ein weißes Blatt Papier.

2. Pause die Hauptformen auf Seidenpapier in verschiedenen Farben durch und schneide sie aus.

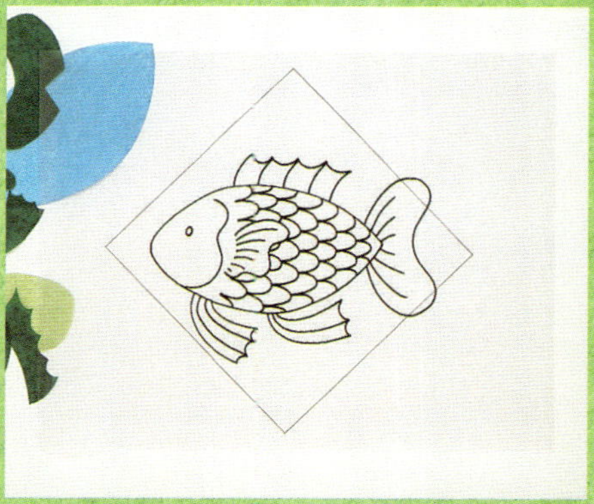

3. Schneide aus einer durchsichtigen Plastiktüte ein Stück Folie heraus, das größer als dein Bild ist.

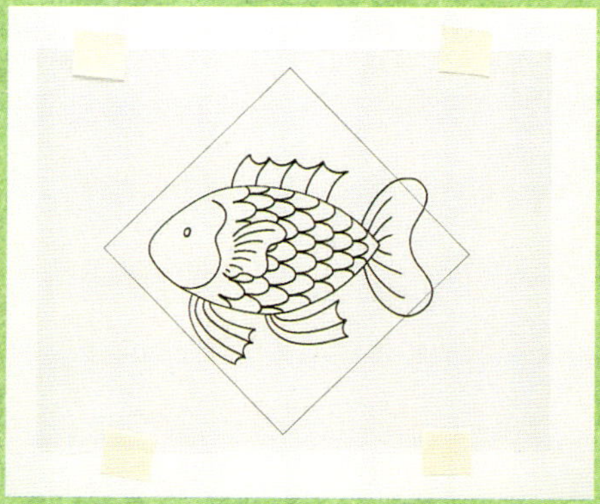

4. Lege die Folie über dein Bild, so dass sie straff ist. Befestige die Ecken mit Klebestreifen.

Nimm dein Bild als Vorlage.

5. Pinsle Leim auf die Seidenpapierformen. Klebe sie an die passenden Stellen auf der Folie.

6. Schneide oder reiße aus Seidenpapier längliche Schnipsel für das Wasser. Klebe sie um den Fisch herum.

7. Klebe ein Quadrat aus hellblauem Seidenpapier über das ganze Bild und lass alles gut trocknen.

8. Wenn der Leim vollständig getrocknet ist, ziehe das Seidenpapier vorsichtig von der Folie ab.

9. Lege das Seidenpapier über deine Zeichnung. Ziehe die Linien mit schwarzer Farbe nach.

Dein Bild wird stabiler, wenn du einen Bilderrahmen ausschneidest und ihn darauf klebst.

Diese Bilder wirken besonders gut, wenn du sie ins Fenster hängst.

Bilderrahmen basteln

Auf den folgenden vier Seiten lernst du, verschiedene Rahmen für deine Bilder zu basteln.

Wähle jeweils Pappe, die von der Farbe und Struktur zu dem Bild passt, das du einrahmst. Verziere Bilderrahmen, wenn überhaupt, dann nur sparsam, damit das Bild zur Geltung kommt.

Einfacher Streifenrahmen

1. Schneide ein Stück Pappe in der Größe des gewünschten Bilderrahmens aus. Klebe dein Bild in der Mitte der Pappe auf.

2. Schneide aus farbiger Pappe zwei Streifen für die Ober- und Unterseite des Rahmens aus. Sie sollten das Bild etwas überlappen.

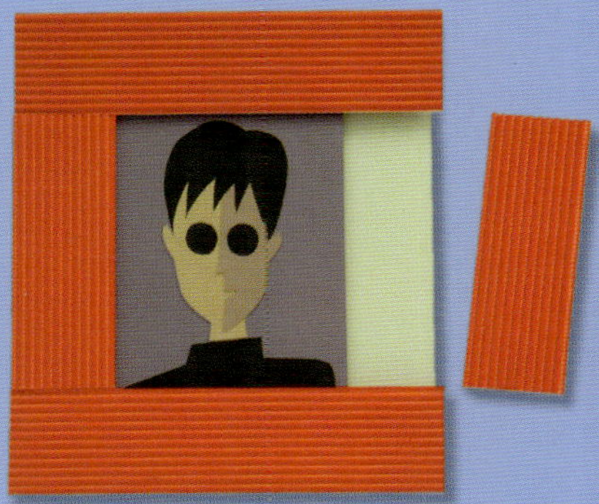

3. Schneide zwei Pappstreifen aus, die genau zwischen den oberen und den unteren Streifen passen. Das werden die Rahmenseiten.

4. Klebe zuerst den Streifen für die Oberseite, dann die zwei Seitenstreifen und zuletzt den Streifen für die Rahmenunterseite auf.

Dieser einfache Rahmen wurde aus Wellpappstreifen gebastelt.

Oft sieht es gut aus, wenn man zwischen dem Bild und dem Rahmen einen Rand in einer hellen Farbe lässt.

Quadratischer „Fenster"-Rahmen

1. Schneide aus Pappe zwei Quadrate in der Größe des gewünschten Rahmens aus. Lege dann dein Bild auf eines der Quadrate.

2. Umrande das Bild mit einem Bleistift. Schneide jedoch nicht entlang dieser Linie, sie dient dir lediglich zur Orientierung.

3. Zeichne mit etwa 5 mm Abstand innerhalb der Bleistiftlinie eine weitere Linie. Lege die Pappe dann auf eine alte Zeitschrift.

4. Schneide mit einem Hobbymesser entlang der inneren Linie. Setze das Messer mehrmals an und schneide vorsichtig.

5. Lege den Rahmen über das Bild. Drehe beides um und befestige das Bild mit Klebestreifen. Radiere dann alle Bleistiftlinien weg.

6. Klebe den Rahmen auf das zweite Quadrat. Lege einen schweren Stapel Bücher darauf, bis der Klebstoff getrocknet ist.

Weitere Bilderrahmen

Hier findest du Anregungen zum Verzieren von Streifen- und Fensterrahmen. Die Bastelanleitungen für die Rahmen findest du auf den vorherigen zwei Seiten.

In diesem Beispiel wurden viele Schnipsel aus rotem und orangefarbenem Seidenpapier gerissen und auf einen Papprahmen geklebt.

Bei dem Bild in dem roten Rahmen wurden mit Acrylfarbe Linien gemalt. Nach dem Trocknen wurden mit Pastellkreide Muster hinzugefügt.

Dieser Wellpappe-Rahmen wurde aus einem alten Karton ausgeschnitten. Er wurde mit Acrylfarbe bemalt und nach dem Trocknen mit Schleifpapier abgerieben.

Die Linie um das Fenster herum wurde mit einem Goldstift gezeichnet.

Dieses Bild ist eine Pappcollage (siehe Seite 18–19).

Der oben abgebildete Streifenrahmen wurde aus einer Alu-Schale für Lebensmittel gefertigt. Die Muster wurden mit einem Kugelschreiber auf der Rückseite eingeprägt.

Der mittlere Rahmen wurde mit Quadraten aus strukturiertem Papier verziert (siehe Seiten 6–10).

Der untere Rahmen wurde aus einer Alu-Schale für Lebensmittel gefertigt und mit Vierecken aus strukturiertem Papier beklebt.

Rahmen aufhängen und aufstellen

Schlaufenaufhänger: Lege ein Stück dünne Schnur zu einer Schlaufe und klebe sie mit starkem Klebeband auf die Rückseite des Rahmens.

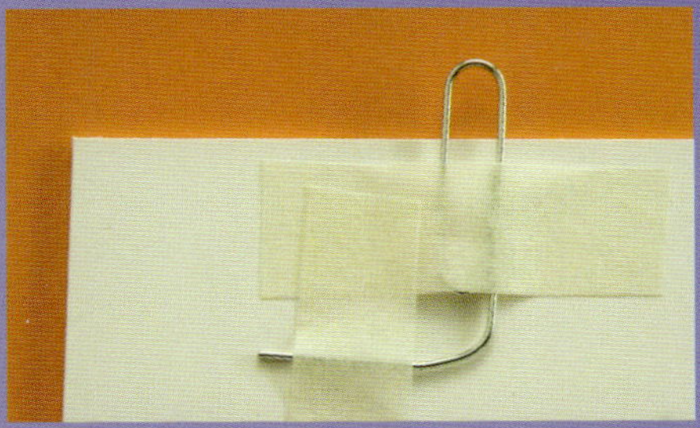

Metallaufhänger: Biege eine Büroklammer auseinander und klebe sie mit starkem Klebeband auf der Rückseite deines Rahmens fest.

Pappständer: Falte ein gleichschenkliges Dreieck aus Pappe. Schneide die Enden schräg ab und klebe eine Hälfte des Dreiecks an den Bilderrahmen.

Einfache Figuren

FARBIGES TONPAPIER ODER PAPPE

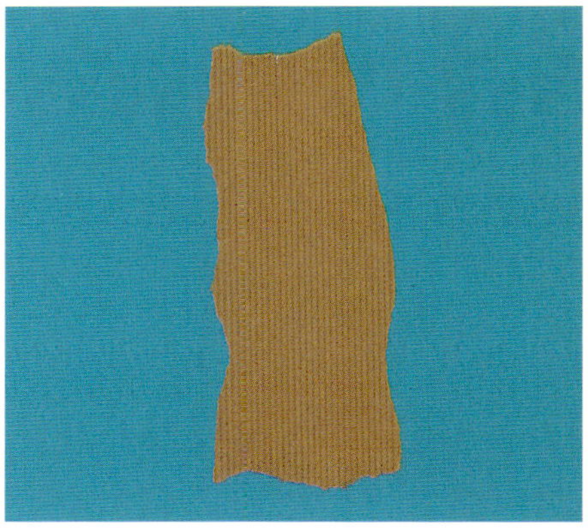

1. Reiße aus braunem Packpapier ein ungleichmäßiges Rechteck und klebe es in der Mitte eines Bogens Tonpapier oder einer Pappe auf.

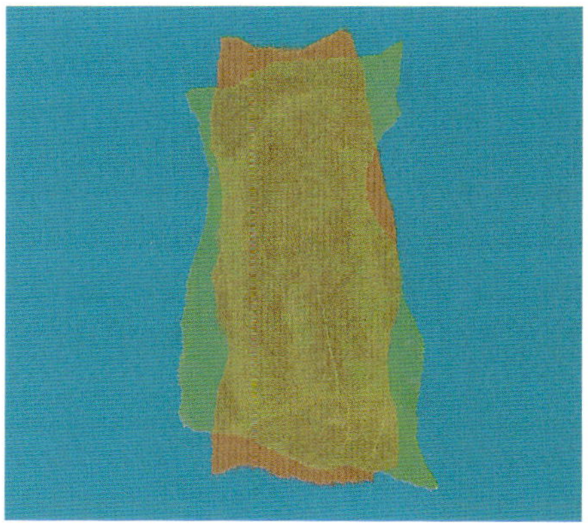

2. Reiße aus Seidenpapier in einer leuchtenen Farbe ein ähnliches, etwas breiteres Rechteck und klebe es über das braune Packpapier.

3. Lass den Kleber trocknen. Zeichne nun mit einem Filzstift auf Wsserbasis oder einem Füllfederhalter ein Oval für den Kopf.

4. Zeichne zwei Linien für den Hals und ein Rundhals-T-Shirt. Zeichne Linien für die Arme, lass aber die Hände weg.

5. Zeichne eine geschwungene Linie als Augenbraue und Nase. Füge dann die andere Braue und die Augen, Ohren, Haare und Lippen hinzu.

6. Tauche jetzt einen Pinsel in sauberes Wasser. Streiche damit an einigen Linien entlang, so dass die Tinte etwas auf der Figur verläuft.

7. Reiße ein T-Shirt aus Seidenpapier und klebe es auf den Oberkörper. Füge einen ausgerissenen Papierstreifen hinzu.

8. Male zum Schluss, wenn der Klebstoff getrocknet ist, mit leuchtender wässriger Farbe dünne Streifen auf das T-Shirt.

3-D-Insekten

STRUKTURIERTES PAPIER (SIEHE SEITEN 6-9)

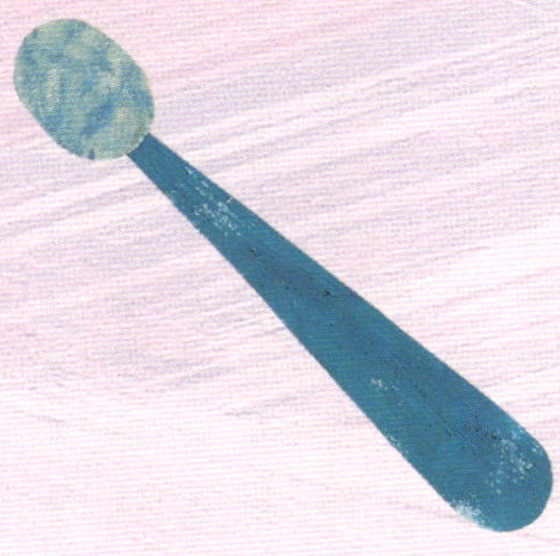

1. Schneide den mittleren und unteren Teil eines Insektenkörpers aus Strukturpapier aus. Klebe beide auf dickes Papier oder Pappe.

2. Schneide einen halbkreisförmigen Kopf, zwei Augen sowie gelbe Formen aus, die genau auf den Körper passen. Klebe alles auf.

Durch Knicken erhalten die Beine einen 3-D-Effekt.

3. Klebe zwei untere Flügel auf. Schneide vier Beine aus und klebe die körpernahen Enden an. Knicke die Beine in der Mitte.

4. Schneide aus Pauspapier zwei weitere Flügel aus. Falte die schmalen Enden längs, so dass die Flügel abstehen. Klebe die gefaltete Stelle an.

Ziehe die gefalteten Enden auseinander, damit die Streifen stehen.

5. Schneide Papierstreifen aus, durch die der Eindruck von Rillen entstehen soll. Falte die Enden nach innen und wieder nach außen.

So sieht das in den Arbeitsschritten beschriebene Insekt aus.

Dieses orange Insekt hat drei Flügelpaare, die aus strukturiertem Papier ausgeschnitten wurden.

Der untere Körperteil dieses Insekts wurde in mehrere Teile zerschnitten.

Der Hintergrund wurde mit Pinselstrichen aus Lilatönen und Weiß gestaltet (siehe Seite 6-7).

6. Bestreiche die Streifenenden mit Leim und drücke sie zu beiden Seiten des Körpers #fest, so dass sie stehen. Füge weitere hinzu.

7. Schneide ganz schmale Streifen aus gelbem Papier aus und klebe sie in die Rillen. Klebe ein kleines Quadrat auf jede Erhöhung.

8. Schneide vier dünne Streifen als Fühler aus. Sie müssen nicht gleich lang sein. Klebe sie über dem Kopf an.

Lochmuster

FARBIGES ODER STRUKTURIERTES PAPIER (SIEHE SEITEN 6-9)

1. Schneide aus farbigem oder strukturiertem Papier ein Rechteck aus. Die Seiten müssen nicht gleich lang sein.

2. Schneide aus andersfarbigem Papier zwei Streifen aus. Stanze dann mit einem Locher jeweils eine Reihe Löcher hinein.

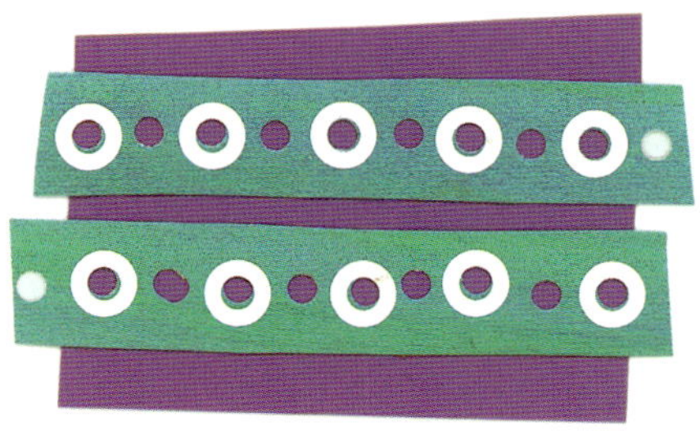

3. Lege die Streifen auf etwas Zeitungspapier und bestreiche die Rückseiten mit Klebstoff. Drücke sie dann auf das Rechteck.

4. Gestalte ein Muster, indem du zum Beispiel auf jedes zweite Loch einen Lochverstärkungsring klebst.

Experimentiere mit unterschiedlichen Mustern aus Verstärkungsringen und Löchern.

Dieses Muster ist in den Arbeitsschritten unten erklärt.

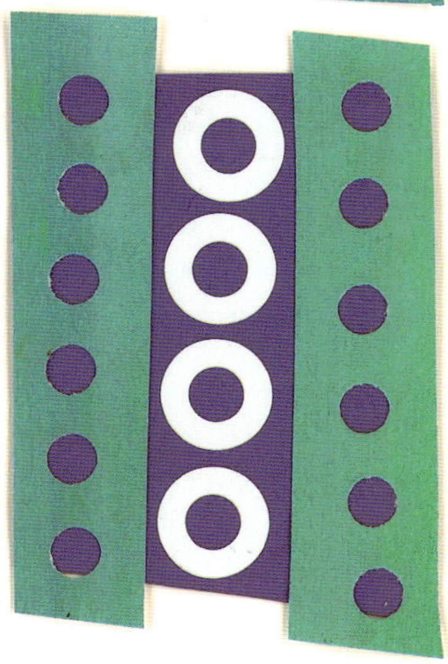

Du kannst auch die ausgestanzten Punkte aus einem Locher verwenden.

Klebe das kleine Rechteck in die Mitte.

1. Beispiel oben: Schneide ein Rechteck aus blauem Papier aus. Schneide dann aus lilafarbenem Papier ein etwas kleineres Rechteck aus.

2. Klebe Lochverstärkungsringe auf das lilafarbene Rechteck. Schneide durch die Ringe hindurch ein Rechteck aus der Mitte heraus.

3. Schneide rund um das kleinere Rechteck einen schmalen Rand ab. Klebe dann die lilafarbenen Teile auf das blaue Papier.

Einfache Stiche

Mit Nadel und Faden kann man nicht nur Stoff, sondern auch Papier und Pappe verzieren. Auf diesen Seiten werden einfache Stiche vorgestellt. Außerdem lernst du, wie du einen Knoten machst, um den Faden vor Beginn der Näharbeit zu sichern.

Sicherungsknoten

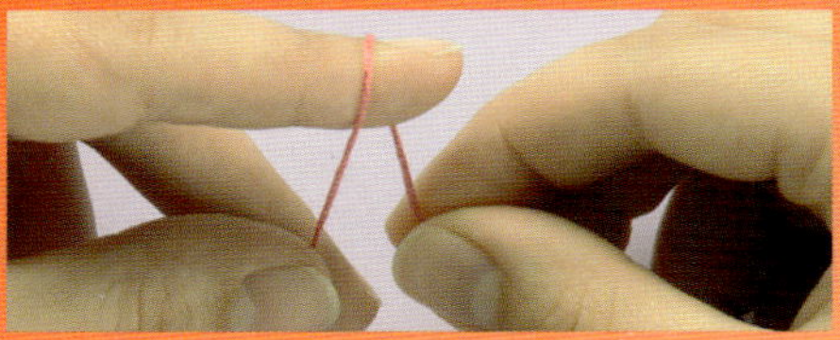

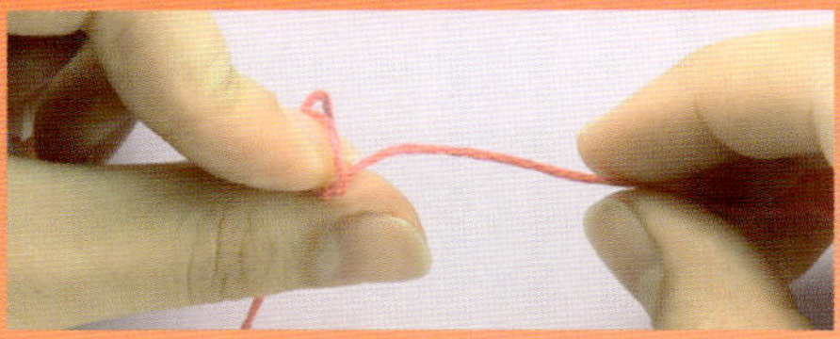

Drücke deinen Fingernagel beim Ziehen fest an den Daumen.

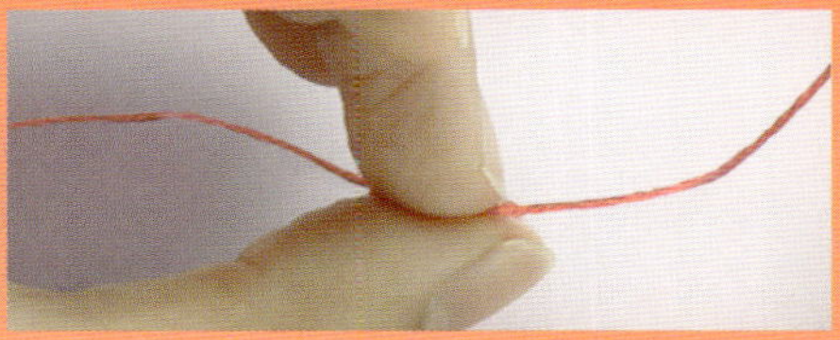

1. Halte das Ende eines Fadens zwischen Daumen und Zeigefinger. Wickle den Faden dann einmal um deinen Finger.

2. Reibe deine Finger fest gegeneinander. Du wirst spüren, dass sich der Faden zwischen deinen Fingern dreht und zusammenrollt.

3. Übertrage den Griff vom Zeigefinger auf den Mittelfinger. Ziehe am langen Ende des Fadens und mache dann einen Knoten.

Heftstich

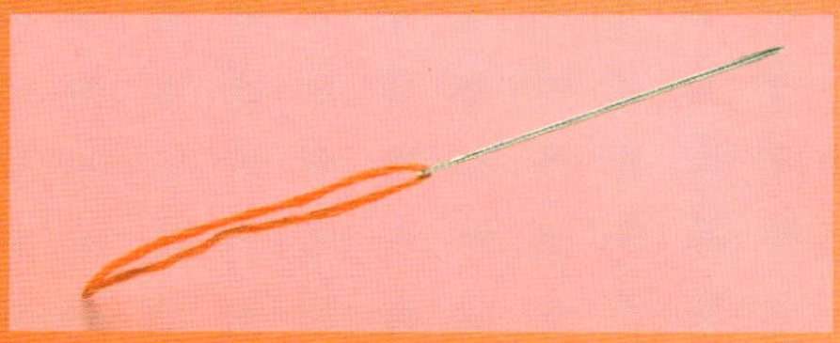

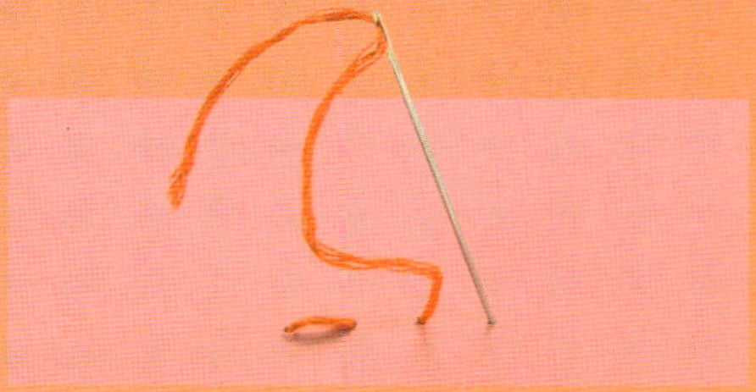

1. Fädle einen Faden in eine Nadel ein und verknote ein Ende. Stich die Nadel von hinten durch das Papier und ziehe den Faden durch.

2. Stich die Nadel mit etwas Abstand nun von vorne nach hinten durch das Papier. Ziehe den Faden auf der Rückseite ganz hindurch.

3. Lass erneut Abstand und stich die Nadel wieder nach vorne durch, dann wieder nach hinten, und ziehe den Faden jeweils straff.

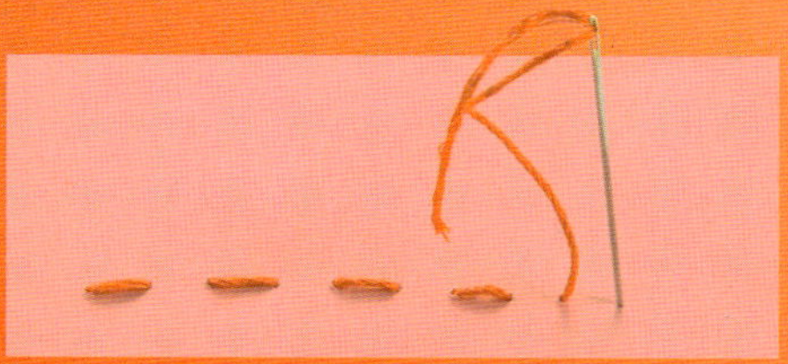

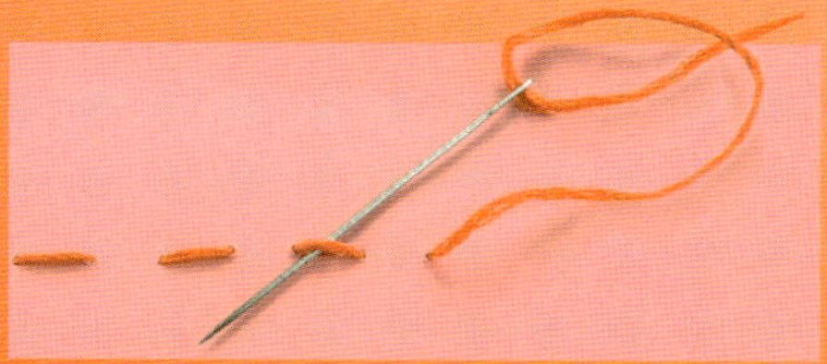

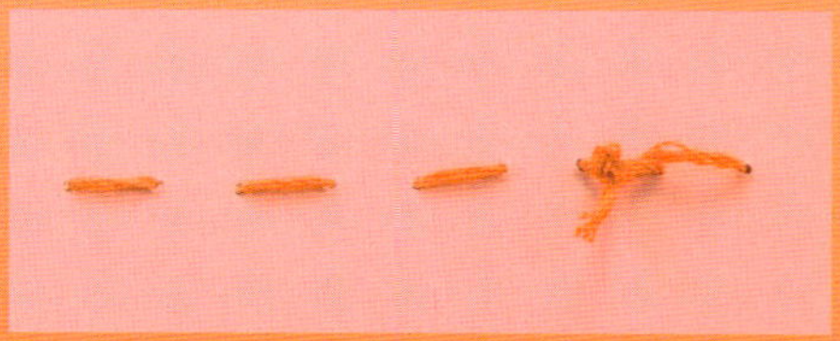

4. Stich die Nadel weiter gleichmäßig nach vorne und nach hinten durch, so dass eine gestrichelte Linie aus Stichen entsteht.

5. Schiebe die Nadel zum Abschluss durch die letzte Schlaufe und ziehe den Faden straff. Schiebe die Nadel noch einmal durch.

6. Schiebe die Nadel noch zwei Mal durch die letzten Einstiche und mache einen Knoten. Schneide den Faden 5 mm nach dem Knoten ab.

Wickeln

1. Schneide aus Pappe oder Stoff einen schmalen Streifen aus. Fädle einen Faden in eine Nadel ein und stich sie von hinten nach vorne durch.

2. Wickle den Faden mehrmals um den Streifen herum, so dass du einen Teil davon bedeckst. Ziehe dabei den Faden immer straff.

3. Wenn du ausreichend gewickelt hast, stich die Nadel zum Abschluss zwei oder drei Mal durch den Knoten auf der Rückseite.

Plattstich

1. Schneide einen dicken Faden ab und lege ihn auf Papier. Fädle dünneres Garn in eine Nadel und stich neben dem Faden von hinten nach vorn.

2. Stich direkt auf der anderen Seite des dicken Fadens wieder durch das Papier, von vorn nach hinten, um ihn gut zu befestigen.

3. Mache enge schräge Stiche über die gesamte Länge des dicken Fadens. Befestige das Garn auf der Rückseite mit zwei Stichen.

Annähen einer Paillette und Perle

Nimm hierfür eine dünne Nadel.

1. Stich die Nadel von hinten nach vorne durch das Papier oder den Stoff, aber nicht vollständig. Schiebe eine Paillette auf die Nadel.

2. Schiebe eine Perle obendrauf und ziehe den Faden durch beide hindurch. Stich die Nadel dann von oben durch das Loch in der Paillette.

3. Ziehe die Nadel vollständig durch das Papier oder den Stoff hindurch. Binde dann die beiden Fadenenden zu einem Knoten zusammen.

Genähte Papierquadrate

WELLPAPPE UND STRUKTURIERTES PAPIER (SIEHE SEITEN 6-9)

Klebe die kleinen Rechtecke nicht auf.

1. Schneide aus Wellpappe oder strukturiertem Papier 16 bunte Rechtecke aus. Sie sollten ungefähr die gleiche Größe haben.

2. Klebe ein aus Seidenpapier ausgerissenes Viereck auf eines der Rechtecke. Schneide nun zwei kleine Quadrate aus.

3. Fädle eine Nadel ein und verknote ein Fadenende. Halte alles zusammen und nähe eine Perle in der Mitte der Quadrate an.

Befestige den Faden wie in Punkt 5 und 6 auf Seite 64.

4. Ziehe einen Faden durch ein Rechteck aus Wellpappe und eines aus Strukturpapier. Wickle den Faden mehrmals um sie herum.

5. Schiebe beim Wickeln des Fadens einige Perlen auf die Nadel und den Faden. Wickle den Faden weiter und verknote ihn am Ende.

6. Lege drei Stücke einer dicken Schnur auf ein anderes Rechteck. Nähe sie mit dem Plattstich an (siehe Seite 65).

Der Heftstich wird auf Seite 64 erklärt.

7. Lege eine Paillette auf ein anderes Rechteck und bedecke sie mit einem Stück Seidenpapier. Nähe dieses mit dem Heftstich an.

8. Verziere die übrigen Rechtecke mit den Stichen von Seite 64-65. Auf dem Bild rechts findest du viele Anregungen dafür.

9. Wenn du alle Rechtecke verziert hast, klebe sie mit starkem Klebstoff in Reihen auf einen großen farbigen Bogen Tonpapier.

Sel

Lebensmittel-Collage

MIT FARBE STRUKTURIERTES PAPIER (SIEHE SEITEN 6-9)

1. Klebe ein Stück blaues Papier und ein Stück strukturiertes Papier auf einen großen Bogen lila Tonkarton, wie im Bild gezeigt

2. Schneide aus einer alten Zeitschrift zwei Rechtecke mit Karomuster aus oder zeichne sie mit Filzstift. Klebe sie oben hin.

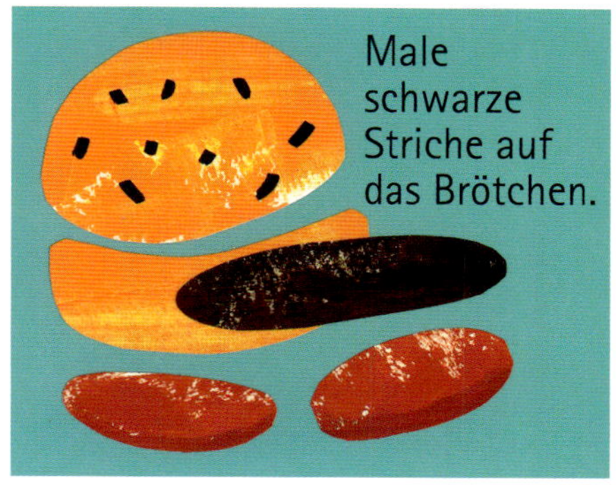

3. Schneide aus Strukturpapier zwei Formen für das Brötchen sowie eine ovale Form für die Frikadelle und zwei für die Tomaten aus.

4. Zeichne mit einem blauen Buntstift Zwiebelscheiben. Male sie mit wässriger blauer Farbe aus. Male grünen Salat. Schneide alle Formen aus.

5. Klebe den Salat auf die untere Brötchenhälfte. Klebe dann die Tomaten, die Frikadelle, die Zwiebeln und das obere Brötchen auf.

6. Schneide einen Becher aus. Klebe ein weißes Oval auf und ein kleineres Oval als Getränk darüber. Male einen gestreiften Strohhalm.

7. Schneide einen Kreis aus grünem Papier aus. Male einen hellgrünen Kreis in die Mitte. Klebe orange Streifen als Pommes frites auf.

8. Zeichne eine Plastikpackung auf ein weißes Blatt Papier. Male für den Ketchup ein rotes Oval in die Mitte. Klebe ein Stück Pommes frites darauf.

9. Klebe alle Lebensmittel auf das große Blatt Papier. Füge Messer, Gabeln, Muffins und Servietten und anderes hinzu.

Glitzerzweige

ALUFOLIE UND PAUSPAPIER ODER WEISSES SEIDENPAPIER

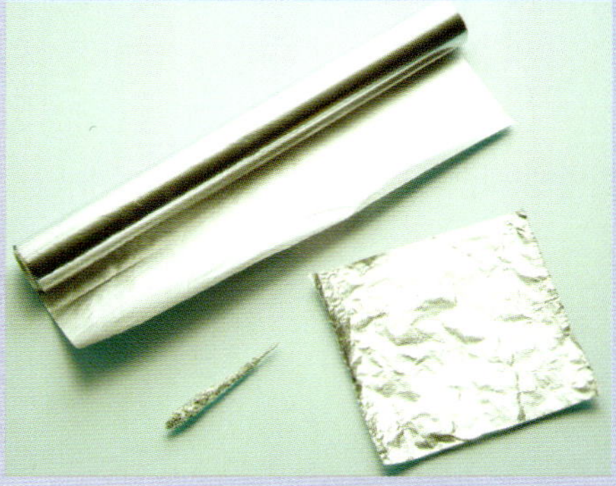

1. Reiße einen breiten Streifen Alufolie ab. Teile ihn in zwei Hälften. Rolle einen der Folienstreifen fest zusammen.

2. Rolle auch das andere Stück Folie zusammen. Drehe und biege beide Streifen zu welligen Zweigformen.

3. Ast: Reiße einen breiteren Folienstreifen in zwei Hälften. Wickle eine Hälfte fest um die Enden der beiden Zweige, damit sie zusammenhalten.

4. Wiederhole die Schritte 1-3, so dass du zwei Äste mit Zweigen hast. Umwickle die Enden mit einem weiteren Stück Folie.

Bastle viele Äste und stelle sie in eine Vase.

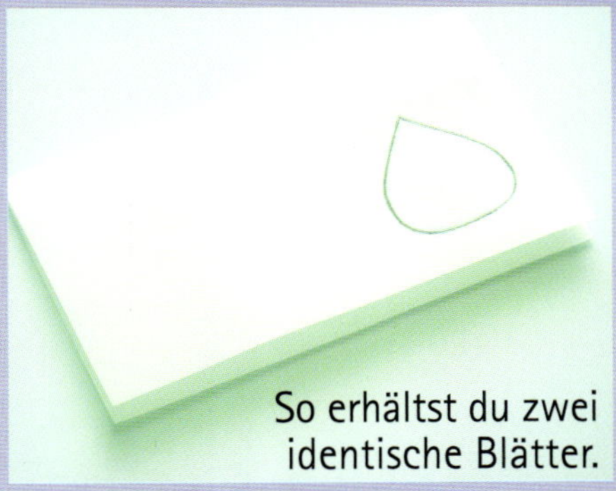

So erhältst du zwei identische Blätter.

5. Falte ein Blatt Paus- oder Seidenpapier zusammen. Zeichne eine einfache Blattform auf und schneide sie aus beiden Lagen aus.

6. Verteile Klebstoff auf einem Blatt und lege ein Zweigende darauf. Lege das andere Blatt darüber, so dass der Zweig dazwischenliegt.

7. Schneide viele Blätter aus und klebe sie alle, wie zuvor beschrieben, an die Zweigenden. Lass den Klebstoff trocknen.

8. Bestreiche beide Blattseiten mit Klebstoff und streue Glitzer darüber. Schüttle überschüssigen Glitzer nach dem Trocknen vorsichtig ab.

Wolkenkratzer

VERSCHIEDENE PAPIER- ODER PAPPSORTEN

1. Lege ein Lineal auf ein graues Blatt. Halte das Lineal gut fest und reiße das Papier an der Kante entlang ab. Das wird die Straße.

2. Klebe die Straße an den unteren Rand eines großen Bogens Tonpapier. Reiße ein Stück andersfarbiges Papier schräg ab und klebe es auf.

3. Reiße aus vielen unterschiedlichen Papiersorten Rechtecke als Gebäude. Füge bei einigen Gebäuden Turmspitzen hinzu.

4. Ordne die Papierrechtecke entlang der Straße an. Klebe sie so auf, dass sich einige überlappen. Dadurch entsteht ein 3-D-Effekt.

5. Schneide viele Fenster aus und klebe sie auf einige der Gebäude. Klebe auf manche auch ein paar Streifen aus weißem Seidenpapier.

6. Umrande einige Gebäude mit einem schwarzen Filzstift. Zeichne bei manchen auch Fenster, Kanten und Antennen ein.

Zeichne winzige Autos auf die Straße. Dadurch wirken die Gebäude riesig.

Dieser Baum wurde
aus zwei Sorten
Geschenkpapier
gebastelt.

Du kannst auch
einen Baum
aus vier Kreisen
basteln, so wie der
rosa Baum oben.

Weihnachtsbaum-Anhänger

GESCHENKPAPIER

1. Zeichne den Umriss von drei runden Gegenständen unterschiedlicher Größe auf Geschenkpapier nach. Schneide die Kreise aus.

2. Teile die Kreise grob in Viertel ein und schneide aus jedem ein Viertel aus. Die ausgeschnittenen Viertel brauchst du nicht mehr.

3. Biege den größten Kreis zu einem Kegel und klebe ihn zusammen. Schneide dann die Unterkante des Kegels viele Male ein.

4. Rolle jeden Streifen um einen Bleistift, bis er sich kringelt. Bastle Kegel aus den anderen Kreisen. Schneide und rolle auch sie.

5. Fädle einen langen Faden in eine Nadel ein. Mache einen Knoten in das Ende. Stich die Nadel von unten durch den großen Kegel.

6. Schiebe den Kegel bis zum Knoten herunter. Mache kurz darüber einen weiteren Knoten und füge den mittleren Kegel hinzu.

7. Schiebe den mittleren Kegel auf den zweiten Knoten. Mache dann einen letzten Knoten und schiebe den kleinsten Kegel darauf.

8. Klebe zwei Sternsticker auf dem Faden über der Baumspitze aneinander. Es gehen auch Papiersterne oder große, flache Pailletten.

9. Wenn das Geschenkpapier einfarbig ist, könntest du die Bäume an den Fransen mit Glitzerkleber oder kleinen Stickern verzieren.

Folienfische

TONKARTON UND ALUFOLIE

1. Mische türkisfarbene Tinte mit Wasser und verteile sie mit einem breiten Pinsel auf weißem Tonkarton. Das wird später das Meer.

Durch die Wassertropfen und das Salz entstehen interessante Schlieren.

2. Tupfe mit der Pinselspitze unverdünnte Tinte auf und tropfe Wasser darüber. Streue dann Salz über das Blatt und lass alles trocknen.

3. So machst du den Himmel: Verdünne die türkisfarbene Tinte mit noch mehr Wasser. Bemale damit einen anderen Bogen weißen Tonkarton.

4. Tupfe etwas dunklere Tinte auf den nassen Himmel. Tupfe dann mit einem Papiertaschentuch darüber, um Tinte aufzusaugen.

5. Während beides trocknet, zeichne eine einfache Fischform auf Alufolie. Befestige sie mit Klebestreifen auf einem Obstnetz.

6. Reibe mit dem Daumennagel innerhalb des Fischumrisses entlang. Das Netzmuster zeichnet sich auf der Folie ab.

Lass die Folie am Netz befestigt.

7. Male mit Filzstift einen dunkelgrünen Streifen auf den Rücken des Fisches. Füge darunter einen hellgrünen hinzu. Male den Bauch gelb.

Den besten Effekt erzielst du mit wasserfesten Filzstiften.

8. Zeichne lila und orange Linien auf den Kopf. Füge mit schwarzem Stift ein Auge hinzu. Schneide den Fisch aus und bastle noch weitere.

9. Klopfe das Salz vom Meer ab und schneide eine Wellenlinie hindurch. Klebe das Meer auf den Himmel und die Fische aufs Meer.

Das Salz reagiert mit der Tinte und hinterlässt dieses Wassermuster.

Collagen-Buchumschläge

ALLE PAPIERSORTEN

1. Schneide mit einem Hobbymesser aus einem cremefarbenen Quadrat Reihen kleiner Rechtecke aus. Klebe es auf ein dunkleres Blatt.

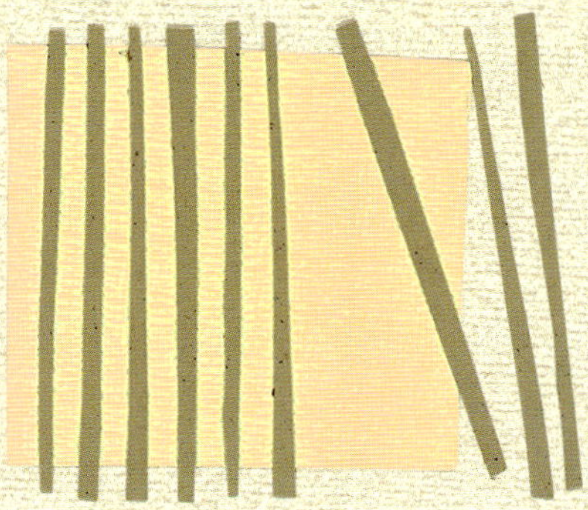

2. Schneide dann mit einer Schere viele dünne Streifen aus hellbraunem Papier aus und klebe sie auf ein cremefarbenes Quadrat.

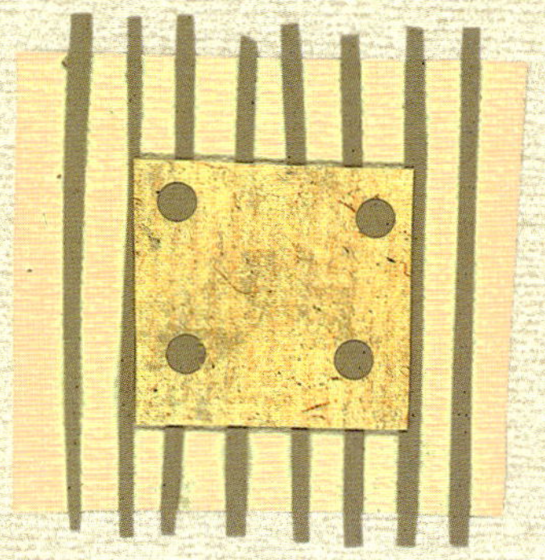

3. Stanze mit einem Locher Löcher in ein kleineres Papierquadrat und klebe es auf braunes Papier. Klebe beide auf die Streifen.

Für diese Quadrate wurde cremefarbene Tapete verwendet.

Du könntest die Quadrate für den Umschlag eines Tagebuchs oder Fotoalbums verwenden.

Hier abschneiden.

4. Schneide eine Spirale in ein Papierquadrat. Klebe sie schräg auf dunkleres Papier. Schneide dann überstehendes Papier ab.

5. Schneide mehrere dicke Fäden ab. Bestreiche sie mit Klebstoff und befestige sie linienförmig auf einem Papierquadrat.

6. Verziere noch ein Quadrat mit Papierpunkten aus einem Locher, und dann noch ein weiteres nach den unten abgebildeten Ideen.

7. Schneide ein Rechteck aus, das so hoch wie das Buch ist, das du einschlagen willst. Die Enden sollen nach innen eingeschlagen werden können.

8. Lege die verzierten Quadrate auf die Mitte des Umschlags. Klebe sie mit starkem Klebstoff fest und lass alles trocknen.

Weitere Ideen

Schneide ein Quadrat aus handgeschöpftem Papier aus, wenn du einen kleinen Rest hast.

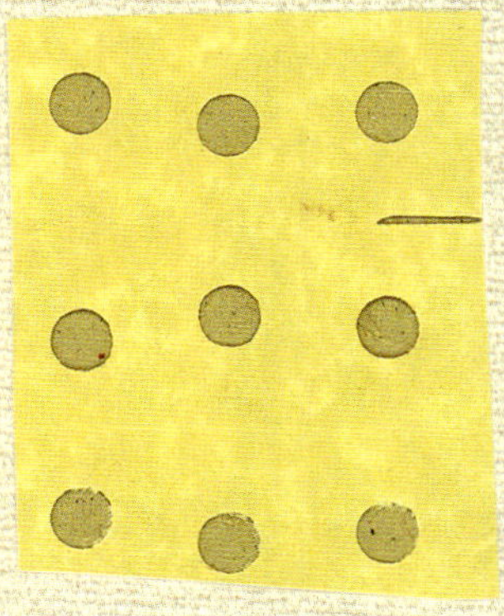

Falte ein Blatt Papier mehrmals und stanze dann Lochreihen hinein.

Schneide unterschiedlich große Quadrate aus und klebe sie übereinander.

Du kannst auch kleine Papierwebarbeiten machen (siehe Seite 26-27) und aufkleben.

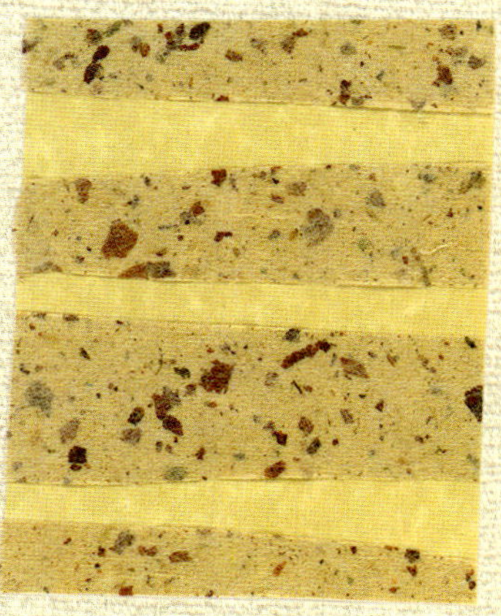

Schneide Streifen aus gemustertem Papier aus und klebe sie auf.

Reiße Streifen aus Papier und klebe sie übereinander.

Ordne viele kleine Papierquadrate in verschiedenem Winkel an und klebe sie auf.

Stich mit einem alten Kugelschreiber oder einer stumpfen Nadel viele Löcher in ein Quadrat.

3-D-Stadtbild

DÜNNE WEISSE PAPPE, ZEITSCHRIFTEN

1. Schneide Rechtecke aus gemusterten Zeitschriftenseiten für die Gebäude aus. Klebe sie auf einen breiten Streifen dünne weiße Pappe.

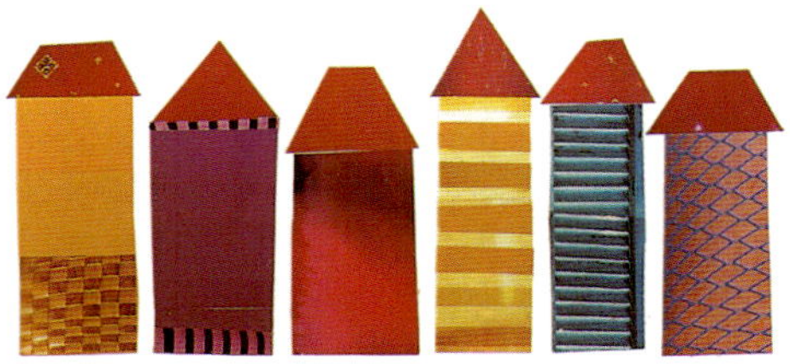

2. Schneide für alle Gebäude rote oder braune Dächer aus und klebe sie auf. Sie können größer oder kleiner, spitz oder flach sein.

3. Schneide Fenster, Schornsteine und Türen aus und klebe sie auf. Versuche, dafür Papier mit Karo- oder Streifenmuster zu finden.

4. Schneide Papierstreifen in unterschiedlichen Blautönen für die Straße aus. Klebe sie vor den Gebäuden auf. Füge weiße Linien hinzu.

5. Du kannst deine Collage mit durchsichtiger Buchschutzfolie stabiler machen, aber das muss nicht unbedingt sein.

6. Schneide die Gebäude und die Straße mit einem Hobbymesser aus. Lass dabei einen Rand aus weißer Pappe stehen.

7. Halte die Straße mit der Häuserreihe an beiden Enden fest und biege sie leicht nach hinten. Dadurch kann sie stehen.

8. Bastle auf diese Weise weitere Häuserreihen. Mache eine ohne Straße davor, dann andere, die höher sind als die erste.

9. Schneide mehrere metallisch wirkende Stücke Papier aus. Klebe jeweils mehrere davon übereinander, so dass Wolkenkratzer entstehen.

Mit einer Fahrbahn und Hecken ist dein Stadtbild komplett.

Ordne die Straßen hintereinander an. Du kannst wiederablösbaren Posterkleber verwenden, um sie zusammenzuhalten.

Glänzende Papiergirlande

GESCHENKPAPIERRESTE

1. Schneide ein langes Stück Geschenkband ab. Falte dann ein Stück Geschenkpapier in der Mitte und schneide durch beide Lagen einen Kreis aus.

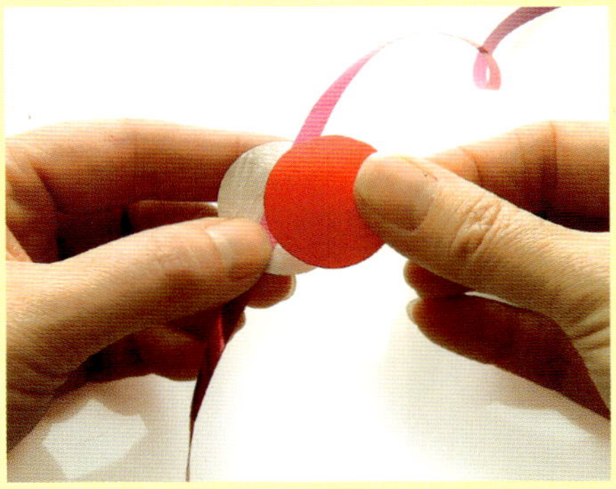

2. Verteile Klebstoff auf der Rückseite eines der Kreise und lege das Band darauf. Klebe dann den anderen Kreis passgenau darauf.

3. Schneide aus verschiedenen Geschenkpapierresten viele Kreise aus und klebe sie am Band entlang. Lass jeweils etwas Platz dazwischen.

4. Klebe an einigen Stellen einen Sternsticker auf das Band und einen weiteren passgenau von der anderen Seite darauf.

5. Wenn du alle Kreise auf das Band geklebt hast, verziere einige der einfarbigen Kreise, indem du kleine Pailletten aufklebst.

6. Wenn die Girlande noch mehr glänzen soll, verteile auf einigen Kreisen Klebstoff und bestreue sie mit Glitzer oder nimm Glitzerkleber.

Du kannst neben Kreisen und Sternen auch Drei- oder Vierecke auf die Girlanden kleben.

Diese Girlanden wirken am besten, wenn sie senkrecht hängen, mit etwas Geschenkband dazwischen.

Seidenpapier-Fensterbild

SEIDENPAPIER

1. Reiße etwa 15 ungleichmäßige Streifen aus Seidenpapier. Einige davon sollten gleich lang und breit sein.

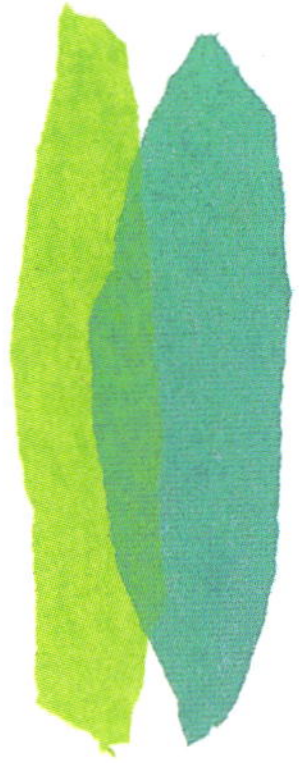

2. Streiche mit einem Klebestift über den Rand eines Streifens. Drücke dann einen zweiten Streifen darauf.

3. Klebe verschiedenfarbige Streifen überlappend aneinander, bis sie ein Rechteck ergeben.

Seidenpapier wirkt besonders gut, wenn du es mit Klebeband an eine Fensterscheibe klebst.

4. Klebe kleinere Streifen in kontrastierenden Farben über einige Ränder der langen Streifen.

5. Reiße unterschiedlich große Punkte aus und klebe sie auf. Füge mehrere kleine Querstreifen hinzu.

Klebe die Streifenenden an die Rückseite eines einfachen Rahmens (siehe Seiten 54–57) und lehne ihn an ein Fenster.

Collagen-Karten

GESCHENKPAPIER, PAPPE UND FARBIGES PAPIER

Alle diese Karten wurden mit der gleichen Technik gebastelt. Auf einige wurden zusätzliche Formen aufgeklebt.

Schneide für diese Dreiecksreihe „V“-Formen aus.

1. Schneide ein Rechteck aus Papier für die Vorderseite aus. Schneide dann zwei kleinere Rechtecke aus anderen Papiersorten aus.

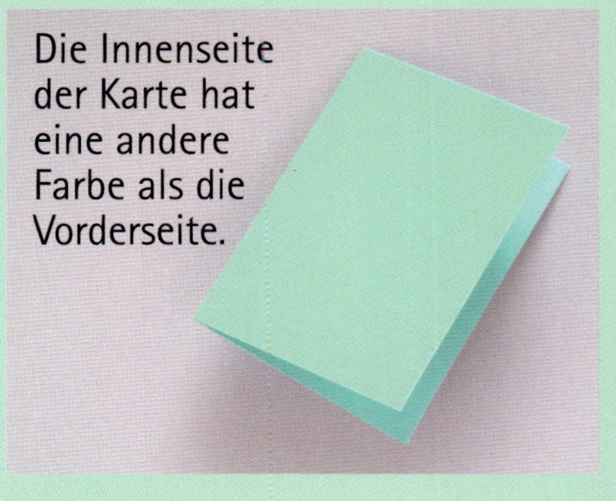

2. Schneide ein Rechteck aus blauem Tonkarton und falte es. Klebe das größte Rechteck auf die Karte. Schneide überstehende Kanten ab.

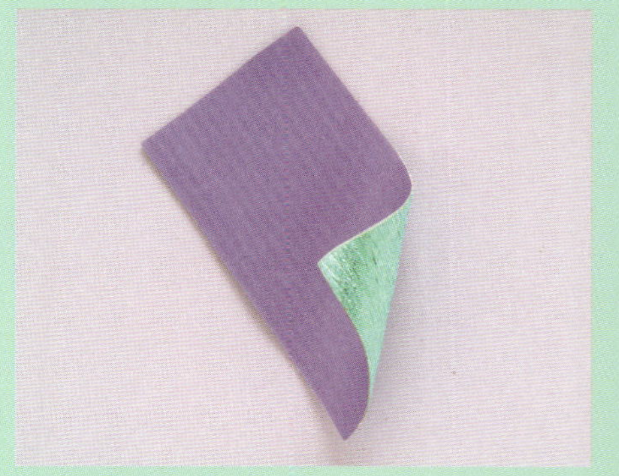

3. Klebe das kleinste Papierrechteck auf die Rückseite eines Stücks Glanz- oder Geschenkpapier und schneide überstehende Kanten ab.

4. Schneide dann mit einem Hobbymesser im oberen Teil fünf sich überkreuzende Linien hinein. Schiebe einen Bleistift hindurch.

5. Falte die Zacken vorsichtig und gleichmäßig zurück, so dass auf der Vorderseite eine Sonne aus Glanzpapier zu sehen ist.

6. Klebe die Rechtecke der Größe nach auf die Karte. Zeichne mit einem Goldstift ein Muster in die aufgefaltete Sonne.

Bunte Papierfenster

CREMEFARBENES ODER ANDERES HELLES PAPIER, SEIDENPAPIER

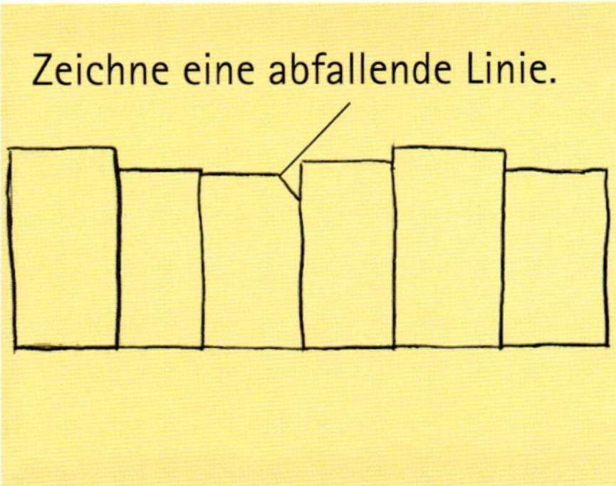

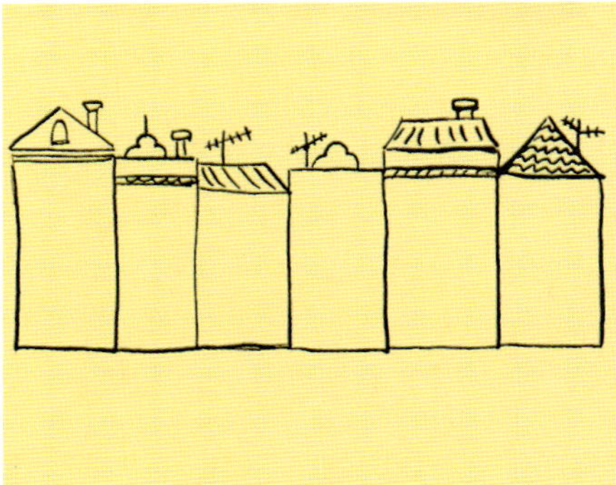

1. Zeichne mit schwarzer Tinte oder einem Filzstift mehrere Rechtecke über die Breite des Papierbogens.

2. Zeichne Ziegel und andere Muster auf einige der Dächer. Füge Schornsteine, Antennen und andere Details hinzu.

3. Zeichne verschiedene Fenster und Türen. Du kannst dabei Formen von dem Bild unten nachzeichnen.

Wenn du dein Bild an ein Fenster lehnst, schimmert das Licht durch das bunte Seidenpapier.

4. Schneide mit einem Hobbymesser um die Umrisse der Dächer herum. Schneide die Fenster aus.

5. Schneide aus Seidenpapier Streifen aus, die so breit wie ein Gebäude sind. Klebe sie auf die Rückseite.

6. Drehe das Bild wieder um und klebe einen Streifen blaues Seidenpapier als Kanal an die Unterkante.

Zeichne einige gestreifte Pfähle in den Kanal.

Papierkrokodil

FARBIGES BASTEL- ODER TONPAPIER

1. Skizziere einen einfachen Krokodilumriss und schneide ihn aus. Zeichne dann zwei geschwungene Linien auf den Rücken.

2. Kerbe die Linien leicht ein, indem du sie mit einem Hobbymesser nachziehst, ohne sie dabei ganz durchzuschneiden.

3. Radiere die Bleistiftlinien weg. Schneide dann auf beiden Seiten der Linien Zähne ein. Schneide zwei große Kreuze als Augen ein.

4. Drehe das Krokodil um und schneide am Rücken kleine Kreuze ein. Kerbe zwischen Körper und Beinen Linien ein.

5. Schiebe vorsichtig einen Bleistift durch jedes Kreuz, auch durch die Augen und Zähne. Drehe das Krokodil wieder um.

6. Drücke den Körper an den Linien zusammen, so dass er dreidimensional wird. Kerbe Beine und Füße ein und knicke sie ebenfalls.

7. Nimm ein blaues Blatt Papier für das Wasser. Kerbe eine horizontale Wellenlinie ein. Knicke diese Kerbe ganz vorsichtig.

8. Drehe das Blatt nun um und kerbe genau parallel zur ersten eine weitere Wellenlinie ein. Knicke auch diese Linie vorsichtig.

9. Kerbe abwechselnd auf beiden Seiten Linien ein und knicke sie. Schneide dann eine Wellenlinie am oberen Rand ab.

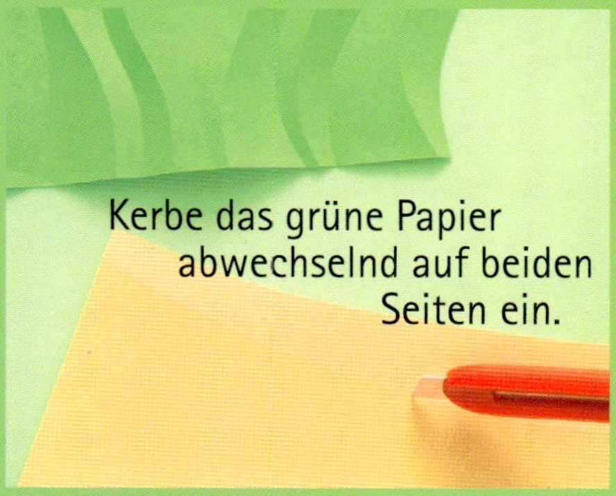

10. Kerbe für den Hintergrund Wellenlinien in ein grünes Papier. Schneide dann einen Bogen in gelbes Papier und kerbe eine Wellenlinie ein.

11. Schneide lange geschwungene Formen für das Gras aus. Kerbe in jede Form in der Mitte eine Linie ein und knicke sie.

12. Ordne alle Teile an. Gib jeweils einen kleinen Tropfen Kleber auf die Rückseiten und klebe die Teile vorsichtig zusammen.

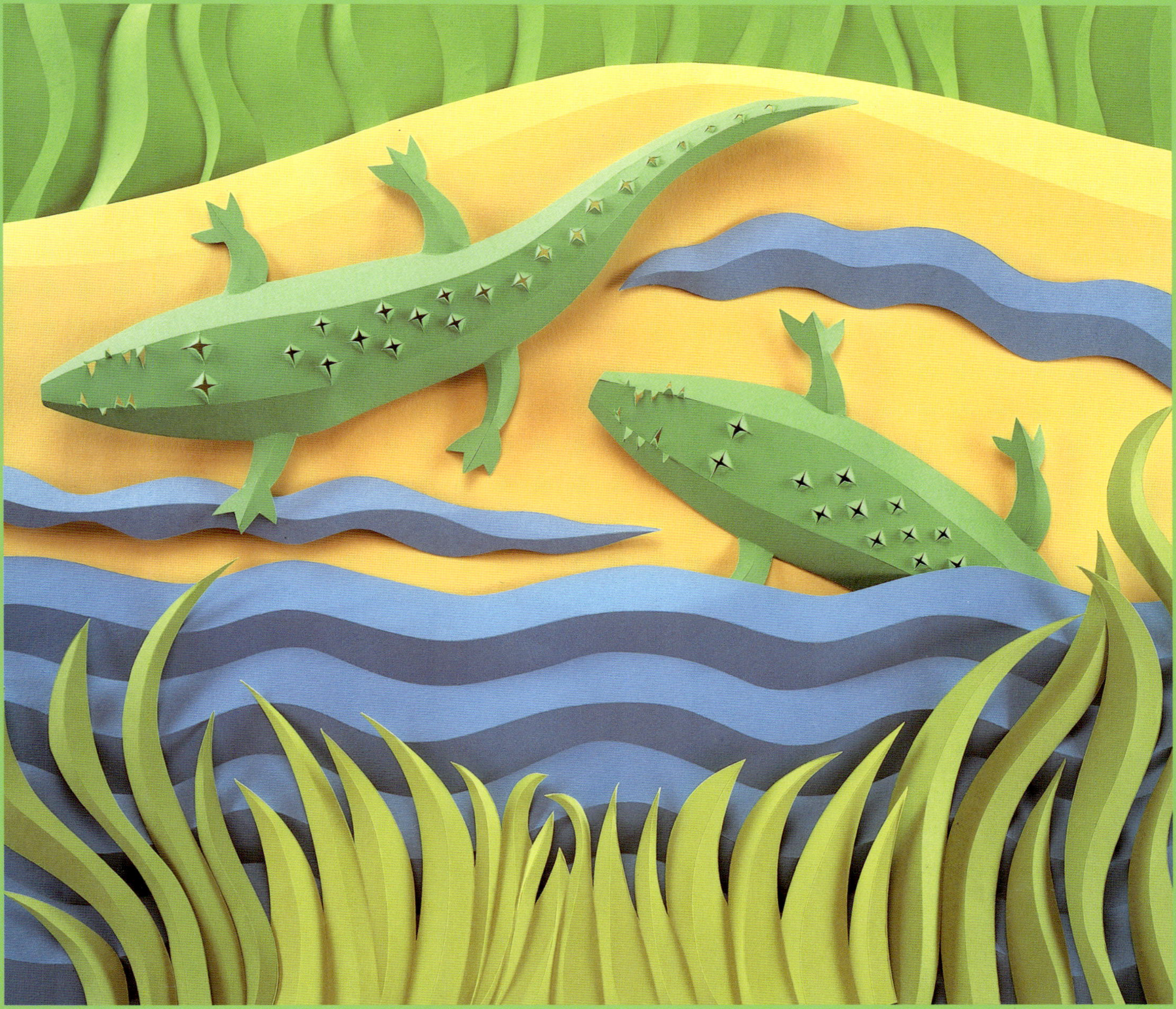

Stadtcollage

DICKES PAPIER ODER PAPPE, ZEITSCHRIFTEN

1. Skizziere einen groben Plan für deine Collage. Zeichne die Lage der Straßen, des Parks, der Gebäude, Autos usw. ein.

2. Nimm einen großen Bogen Papier oder Pappe. Male zuerst die Straßen mit Acryl- oder Posterfarbe auf und lass sie trocknen.

3. Reiße gelbe und braune Schnipsel aus alten Zeitschriften für den Park aus und klebe sie auf. Füge grüne Schnipsel als Gras hinzu.

4. Fülle die Flächen unter den Gebäuden mit dunklen Schnipseln. Reiße Formen für die Gebäude aus und füge Fenster hinzu.

5. Reiße Formen für die Autos aus, einschließlich der Halbkreise für die Radläufe. Klebe zwei Räder dahinter und Fenster obenauf.

6. Reiße eine Katze aus einer gemusterten Zeitschriftenseite heraus. Klebe Pfoten an. Schneide auch ein Auge aus und klebe es an.

Die Formen in dieser Collage wurden in verschiedenen Winkeln aufgeklebt, um einen „Drunter-und-Drüber"-Effekt zu erzielen.

7. Reiße Körperteile und Kleidung für die Menschen aus Zeitschriften aus. Klebe die Teile zusammen und dann auf die Collage.

Verzierte Geschenkdosen

BILDER AUS ZEITSCHRIFTEN UND GESCHENKPAPIER

1. Reiße oder schneide Bilder aus Zeitschriften sowie Schnipsel aus Geschenkpapier oder selbst gestaltetem Papier aus (siehe unten).

2. Klebe die Schnipsel flächendeckend auf eine Pappschachtel, zum Beispiel eine alte Pralinenschachtel. Sie sollten sich überlappen.

3. Wenn alle Außenseiten bedeckt sind, pinsle sie mit weißem Klebstoff ein. Das schützt die Oberfläche und macht die Dose stabiler.

Ideen für Schnipsel zum Aufkleben

Schreibe lange Wörter auf cremefarbenes Papier. Verwende dazu am besten braune Tinte.

Reiße altmodische Schwarz-Weiß- oder Sepia-Fotos von Menschen aus alten Zeitschriften aus.

Schneide oder reiße Briefmarken und Poststempel aus Briefumschlägen aus und klebe sie auf.

Lass einen Teebeutel einige Minuten im Wasser ziehen und reibe ihn dann leicht über Papier. So kannst du es alt aussehen lassen.

Schneide kleine Sterne in verschiedenen Farben aus und klebe sie auf. Du kannst stattdessen aber auch Sternaufkleber verwenden.

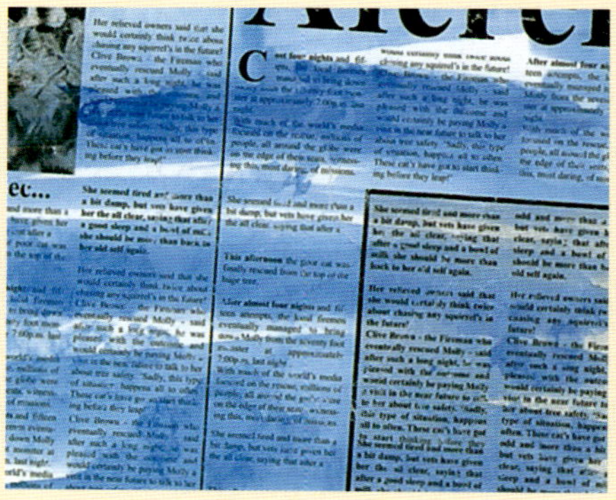

Bemale Zeitungspapier mit verdünnter Tinte oder Farbe oder färbe es mit einem Teebeutel (siehe Anleitung ganz links).

Stichwortverzeichnis

Übersetzung: Andrea Redmond
Redaktion der deutschen Ausgabe: Sabine Wolff-Counihan und Tina Thieme